胡适自述

周汉华

———

著

ZHEJIANG UNIVERSITY PRESS
浙江大学出版社

图书在版编目(CIP)数据

胡适自述 / 周汉华著. —杭州：浙江大学出版社，
2014.6
　(民国人物传记丛书)
　ISBN 978-7-308-13163-6

　Ⅰ.①胡… Ⅱ.①周… Ⅲ.①胡适(1891～1962)—
传记 Ⅳ.①K825.4

中国版本图书馆 CIP 数据核字(2014)第 087177 号

胡适自述

周汉华　著

丛书策划	黄宝忠
责任编辑	杨利军
出版发行	浙江大学出版社
	（杭州市天目山路 148 号　邮政编码 310007）
	（网址：http://www.zjupress.com）
排　　版	浙江时代出版服务有限公司
印　　刷	浙江印刷集团有限公司
开　　本	710mm×1000mm　1/16
印　　张	13.5
字　　数	175 千
版 印 次	2014 年 6 月第 1 版　2014 年 6 月第 1 次印刷
书　　号	ISBN 978-7-308-13163-6
定　　价	29.80 元

序

　　当胡适遭到来自大陆的批判时，胡适心中还是很高兴的。因为有人还记得他，证明他曾经做过一些事，至于好与坏的问题，让时间来检验。

　　比批判可怕的是淡忘或者封杀，当胡适淡出社会时，无论曾经被认为好的思想，还是坏的行径，都烟消云散了。但是他曾经做出努力的一些结果和贡献，我们现在却在理所当然地享用着。比如说白话的行文，或许还有自由与严谨疑惑的思想方式，还有为我们调理好的国粹大餐，让我们可以方便享用。

　　胡适逝世 50 年了，是应该记起还是忘却，对于个人来说是自由的。而社会要进步要发展，因而把胡适可以发扬光大的一些东西晾晒出来，还是有必要的。本书尽可能用胡适自己记忆中的生命片段来告诉读者：胡适是谁？胡适从哪里来？胡适到哪里去？

目　录

第一章 启蒙(1890—1904)

一 是皇宗李姓的胡

徽州,有山有水。山有黄山,水有新安江。这说的是名山名水。徽州实际是层峦叠嶂、溪河纵横的地方。可能就是因为山多水富,历朝历代为避战乱或因其他原因迁徙于此,并世代居住这里,繁衍生息的族群数不胜数。历史上从西晋永嘉时,中原的士族就为了躲避战乱而迁居徽州。唐末时,又有大批士族迁居徽州。两宋与元末明初和清同治中期,移民徽州的族群陆续不断。大概人们把这里当作桃花源了,于是徽州古村落星罗棋布。而尤令人称奇的是,迁徙定居这山水之中的族群,大多是王公士族,随他们而来的中原丰富而又厚重的文化也因此在这山水间浸润传延。因此,徽州的古村落,一个比一个显得有深厚的文化底蕴。

也许隐居这里的人们,从祖上就经历并看厌了官场的冷酷与尔虞我诈,以及政治的腥风血雨,于是徽州这块风水宝地,从来就盛产文人和商人。但是胡适却认为:"因为山地十分贫瘠,所以徽州的耕地甚少。全年的农产品只能供给当地居民大致三个月的食粮。不足的粮食,就只有向外地去购买补充了。所以我们徽州的山地居民,在此情况下,为着生存,就只有脱离农村,到城市里去经商。因而几千年来,我们徽州人就注定的成为生意人了。"[1]

徽商们经营出色的生意,其实与文化、文人也是密切相关的,徽墨、徽纸、徽砚、徽雕、徽茶,无一不与文息息相关。

胡适祖上世代经营茶叶生意。在胡适的记忆里,他的家"在一百五十年前,原来是一家小茶商。祖先中的一支,曾在上海附近一个叫作川沙的小镇经营一家小茶叶店"。后来"先祖和他的长兄通力合作,不但发展了本店,同时为防止别人在本埠竞争,他们居然在

001

川沙镇上,又开了一家支店"[2]。到胡适的爷爷时,靠着爷爷的精明与勤劳和他与兄弟的精诚联手,胡家还是过得比较富庶的。

胡适的故土,在徽州绩溪上庄村,古谓上川,坐落于绩溪县城的西端,距离县城约 30 公里。上庄村只是号称徽州五千村之一的一个小村落。在胡适之前还没有出现过文化名人,不过已有名声在外的制墨徽商胡开文。

胡开文故居

上庄村的人大多姓胡。据《上庄明经胡氏宗谱》记载,上庄胡姓的祖宗是唐代李姓皇帝的血统。唐昭宗时,由于宦官祸乱,朱温借镇压之机搞叛乱,篡夺皇权,唐朝天下奄奄一息。昭宗为保皇宗血脉,便将幼子李昌翼托付给朝廷官员胡清。胡清带着唐皇的血脉李昌翼,回到徽州崇山峻岭的婺源老家。为了掩藏这一秘密,躲避斩草除根的灾难,他让李昌翼改姓胡。李昌翼在后唐时,考取了明经进士,但他不做官宦,却办起了学堂,讲授经学。从李昌翼始,李唐子孙就一直姓胡了。为了区别于其他胡姓,遂冠以"明经"二字,于是人称"明经胡"。李昌翼的长子延政在北宋时任绩溪县令,因为政治有建树,被封为"中王",于是率家族迁至绩溪的胡里镇居住。元代末年时,延政的后裔胡七二公又迁徙至上庄定居。上庄胡氏于是延续至今,胡适应是李唐第 42 代龙脉。

关于祖上是谁的问题,胡适还专门澄清过:"前北京大学校长蔡元培先生为拙著《中国哲学史大纲》第一卷所写的序言中,曾误把我家说成是世居绩溪城内胡氏的同宗。蔡先生指出'绩溪胡氏'是有家学渊源的,尤其是十八九世纪之间满清乾嘉之际,学者如胡培翚(1782—1849)及其先人们,都是知名的学者。这个在十八九世纪时便以汉学闻名的书香望族,其远祖可直溯至十一世纪《苕溪渔隐丛话》的作者胡仔。那位抵抗倭寇的名将胡宗宪,也是他们一家。但是这个世居绩溪城内的胡家,与我家并非同宗。"[3]

上庄村四围群山相拥,且有清流急湍的常溪河护围。胡适曾用宋人杨万里的诗句来赞美上庄溪流的美:"万山不放一溪奔,拦得溪声日夜喧;到得前头山脚尽,堂堂溪水出前村。"

胡适故居

胡适儿时的故居,自然是典型的徽派式样,两面顶着青瓦墙檐的白墙间,耸立着传统风味浓郁的大门。其中最引人注目的要数那院内窗栏和隔扇上雕刻的兰花图了。

我从山中来,带得兰花草;种在小园中,希望开花好。

一日望三回，望到花时过；急坏看花人，苞也无一个。

眼见秋天到，移花供在家；明年春风回，祝汝满盆花！[4]

这是 1922 年 7 月 1 日胡适发表于《新青年》上的一首咏兰的新诗，名为《希望》。胡适正是带着希望和梦想走出了积淀有浓厚传统文化的小山村，而开始了他放眼世界的征程。

二　做晚娘的冯顺弟

胡适的父亲，胡传，又叫守珊，故字守三，另一个字是铁花，号钝夫，生于道光二十一年（1841）二月十九日戌时。他从小就饭量大，身体也比一般同龄儿童长得大，在衣着上更是让人称奇，但凡有红有绿的，他是坚决不肯穿的。乡邻们都习惯称呼他为"三先生"。

胡铁花 9 岁时，太平军起义，而后便在战乱中长大。清咸丰十年（1860）与第一任妻子结婚。可好景不长，三年后，太平军再次袭

胡铁花画像

扰徽州，妻子死于战乱。之后，娶妻曹氏。曹氏为他生有三个儿子、三个女儿，后于光绪四年（1878）去世。

同治四年（1865），胡铁花考取了秀才，但是之后的科举之路一直不畅。随后便进入刘熙载的"龙门书院"学习。正是在这书院里，他对中国地理产生了浓厚的兴趣，并因此决定了他此后一生的命运。

出于对地理，尤其是中国东北边疆的地理的兴趣，他远离家人，去了宁古塔。当时宁古塔的驻地钦差名叫吴大澂，胡铁花"告诉吴

公他不是来求职的,他只盼吴氏能给予护照和通行证,好让他遍游东北,并考察边疆地理"[5]。吴大澂非常赏识胡铁花,将他聘为幕僚。之后吴氏还向朝廷举荐他,从此胡铁花走上了仕途。

事业有成、生活安定后,胡铁花又有了续弦的想法。这次续弦的妻子,便是胡适的母亲冯顺弟。

冯顺弟是名地道的农家女。冯顺弟的父亲冯金灶,在太平军战乱时被掳去充了军。军中有个好心的裁

冯顺弟

缝见他老实可怜,便收他做了徒弟。后来他瞅准机会逃出太平军,回到家乡,重新开垦耕种,生活又慢慢像样起来了。几年后,他不但修葺了新屋,还娶了妻。

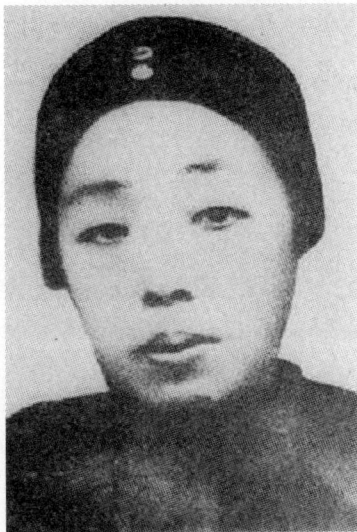

同治十二年(1873),夫妇俩第一个孩子出生了,是个女儿。为了祈求下一个孩子是个男丁,夫妇俩便给女儿取名"顺弟"。几年后,顺弟还真就多了一个弟弟。

转眼间,顺弟已17岁,在当时的徽州,已经是过了最佳婚龄。一天,上庄的星五嫂来为侄儿胡铁花说媒。

冯金灶知道胡铁花在外面做官,很有本事,但他不愿女儿嫁给做官的,当即便拒绝了:"我们种田人家的女儿哪配做官太太?这件事不用提。"

没想到星五嫂却说:"我家三哥有点怪脾气,他今年写信回来说一定要讨一个庄稼人家的女儿。"原来胡铁花在经历了前两次婚姻后,怕再找一个病快快的女人,所以这次想找一个农家女,健壮的,吃苦耐劳的。

冯金灶又想着这胡铁花年龄已一大把,他的儿女有的比顺弟还大呢,还是表示不愿意。可星五嫂又说,顺弟这年龄也不小了,再过

几年哪里去找青头郎？这让冯金灶心里一时也没了主意。最后两人说好，听听顺弟母亲的意见，然后再开个八字，看看命里是否有缘再说。

顺弟母亲听说后，坚决反对，连八字也不愿意开。夫妇俩最后决定，听听女儿自己的意思。

当天晚饭后，冯金灶把上庄三先生来说媒的事告诉了顺弟。没想到顺弟暗自窃喜。

原来顺弟14岁那年，一次带着弟弟和家住上庄的姑妈一起逛上庄太子会，在看表演的时候，无意间听见路人议论一个名叫三先生的人。有的说三先生今年在家过会，把会弄糟了；有的说三先生还没有到家，鸦片烟馆就关门了，赌场也不敢开了。顺弟当时心想，这三先生必是一个了不得的人。正当她琢磨着三先生会是个什么样的人物时，只听有人低声说道："三先生来了！"她抬头张望，只见路人让开一条道来，"一个高大的中年人，面容紫黑，有点短须，两眼有威光，令人不敢正眼看他；他穿着苎布大袖短衫，苎布大脚管的裤子，脚下穿着苎布鞋子，手里拿着一杆旱烟管"[6]。这人便是三先生了。和他一路走来的还有一个瘦瘦身材、花白胡子的老年人。巧的是，两个人走到顺弟和姑妈面前站住了，三先生和那老人说了一句话后便走开了。而老人随后招呼顺弟的姑妈和顺弟姐弟俩同行，一边走还一边问一些顺弟的情况。老人还让顺弟的姑妈把顺弟的八字开给他，他好帮助看看顺弟的姻缘怎样。没想到几年过去后，顺弟的姻缘就这样到了。

所以，当母亲再次追问时，顺弟便一口答应了。母亲没想到女儿竟会答应这桩续弦做晚娘的婚事，懊恼不已，可又不好再说什么，于是打算故意错报女儿的出生年月，好让两个人八字不合。

或许真是命中注定，给两人合八字的算命先生正是当年在太子会上相遇的那位老人。老人还记得顺弟的真实八字，一排，是合的。

于是，1889年3月12日这天，胡铁花迎娶了冯顺弟。

三 拧我肉的慈母

胡铁花与冯顺弟结婚后,便携新婚妻子回郑州,继续协助吴大澂治理黄河。胡铁花后来被派往上海,担任"松沪厘卡总巡"。夫妇俩在上海的这段日子里,胡适出生了。这一天是光绪十七年十一月十七日(1891年12月17日)。

胡适出生之前,胡铁花已有三个儿子三个女儿。胡适的大哥名嗣稼,又名洪骏。二哥三哥是双胞胎,比胡适母亲小四岁。二哥名嗣秬,行名洪骓,后改名觉,字绍之。三哥名嗣秠,行名洪驻,字振之。胡适的大姐比胡适母亲大七岁,二姐从小就抱与人家。三姐比母亲小三岁。胡适排行老幺,名嗣穈,行名洪骍,字希疆。

胡铁花新婚后,小日子过得很甜蜜,官场上也官运亨通。"就在这一段时期里,父亲已有'能吏'之名,所以其他各省当局,对他也就竞相延揽了。"[7]胡适刚刚出生两个月,胡铁花被台湾巡抚邵友濂奏请调往台湾。光绪十八年(1892)二月底胡铁花先独自一人到了台湾,任台东直隶州知州,兼统镇海后军各营。

光绪十九年(1893)二月二十六日,胡适与母亲以及家中的其他亲人一道从上海到了台湾,一家人亲切团聚。这是幼年胡适与母亲最幸福的时光,可惜幸福的时光短暂如梭。

冯顺弟与胡铁花结婚后,胡铁花就开始教她认字。胡铁花把红纸裁成方正的小方块,在其上楷书要学的字,教给妻子。胡适后来述说父母在一起的这短暂时光时说:"我父又很爱她,每日在百忙中教她认字读书,这几年的生活是很快乐的。"[8]胡适在台湾时,也跟着母亲开始识字。母亲抱着胡适,父亲手拿红纸片教牙牙学语的小胡适。胡适非常甜蜜地回忆一家人曾经温馨的日子:"我小时也很得我父亲钟爱,不满三岁时,他就把教我母亲的红纸方字教我认。父亲作教师,母亲便在旁作助教。我认的是生字,她便借此温她的熟字。"[9]胡铁花公务繁忙时,扫盲村妇冯顺弟就担当胡适识字的启蒙老师。

中日甲午战争(1894年)开始后,胡铁花把冯顺弟和年幼的胡适送回徽州老家。冯顺弟的幸福生活从此结束,胡适也再没有见过父亲。值得欣慰的是,冯顺弟离开时已认得了近千个字,胡适也认得了700多字。冯顺弟离开时把胡铁花写的楷字红方块纸片也一起带走,从此成了她一生珍藏的宝物。同样在胡适心中:"这些方块红笺上都是我们三个人的最神圣的团居生活的纪念。"[10]

农历乙未年(1895)七月初三日胡铁花在厦门因脚气病去世。胡铁花去世的消息很快就传到徽州绩溪上庄村。那天,在胡适老宅的前堂,冯顺弟坐在房门口的椅子上,听读信人读有关丈夫的来信。当读信人读到胡铁花去世的消息时,冯顺弟连同她坐着的椅子一同倒在地上。老宅中立刻哭声一片。这时,胡适只有三岁零八个月,从此他在母亲的呵护下步步成长。

冯顺弟对丈夫非常崇敬,总是拿胡适的父亲做榜样教育胡适:"你总要踏上你老子的脚步。我一生只晓得这一个完全的人,你要学他,不要跌他的股。"[11]

冯顺弟教育胡适有一套自己的办法。她在有其他人在的时候,从来不会骂胡适一句,更不要说打了。在人多的时候,胡适做了出格的事,或太调皮的时候,冯顺弟只用严厉的目光看着他,胡适便会被母亲的目光吓住,不敢再调皮。但是事情不会就此完结。胡适幼时的记忆中,如果"犯的事小,她等到第二天早晨我眠醒时才教训我。犯的事大,她等到晚上人静时,关了房门,先责备我,然后行罚,或跪罚,或拧我的肉。无论怎样重罚,总不许我哭出声音来,她教训儿子不是借此出气叫别人听的"[12]。

在一个渐生凉意的初秋傍晚,胡适吃过晚饭后,身上只穿了一件薄薄的单背心在门口玩耍。胡适的玉英姨母看见胡适穿着单薄的衣服在那里玩,怕他着凉,于是赶紧从屋里拿了一件小衫出来,让胡适穿上。胡适倔强不肯穿,玉英姨母温柔地哄着胡适说:"穿上吧,凉了。"胡适小孩子的调皮劲上来了,俏皮地说:"娘(凉)什么!

老子都不老子呀。"胡适刚说完这一句,便看见母亲从家门口走出来。胡适赶快抓过玉英姨母手中的小衫套在身上。

冯顺弟已经听见胡适的俏皮话。她当时什么也没有说。到了晚上,人们都静静窝在屋里时,冯顺弟开始教训胡适。她让胡适跪在地上,气得发抖地说:"你没了老子,是多么得意的事! 好用来说嘴!"胡适只是跪着哭泣,不停地用手去擦满眼的泪水。没想到脏手擦过的眼睛竟得了眼翳病。冯顺弟因此既后悔又心焦,又请郎中又煎药,可医来医去,眼翳总不见好。冯顺弟后来不知在哪里听说眼翳可以用舌头舐来治病。有一夜她把正熟睡的胡适叫醒,用舌尖轻轻地舐胡适的眼翳。

胡适的眼翳病足足害了一年多,渐渐康复。至于眼翳是药医治好的,还是母亲舌头舐好的,就不太分得清楚了。

胡适的母亲,年轻的晚娘,在家中要面对一大家人的生活,还要处理好与家人的各种关系。她也让胡适从小就从生活中学会精打细算。胡适的母亲哪怕"于日用出入,虽一块豆腐之细,皆令适登记,俟诸兄归时,令检阅之"[13]。这样一来,既处理好了一大家人的经济关系,又让胡适学会并了解了生活的艰辛。

胡适后来称赞母亲说:"先母内持家政,外应门户,凡十余年。以少年作后母,周旋诸子诸妇之间,其困苦艰难有非外人所能喻者。先母一一处之以至诚至公,子妇间有过失,皆容忍曲喻之;至不能忍,则闭户饮泣自责;子妇奉茶引过,始已。"[14]

四　老鼠咬坏了的破书

胡适刚从台湾回到绩溪上庄村,冯顺弟就把他送进了四叔介如先生开办的学堂,开始了学海泛舟的读书生涯。

胡适读书,可谓是闻鸡起舞。天色刚放亮,冯顺弟就会到房间叫醒胡适,进行一天的早训,让他说说昨天做错了哪些事,说错了什么话。待得胡适认错后,冯顺弟还要进行一番教诲。如此这般,天色也大亮了，冯顺弟就催促胡适赶快去上早学。

胡适去得早，学堂通常还未开门。胡适总是先跑到先生家里敲门，取了钥匙后又跑回学堂，开了门，坐下来念生书。胡适对这"早自习"记忆很深刻："十天之中，总有八九天我是第一个去开学堂门的。等到先生来了，我背了生书，才回家吃早饭。"[15]

四叔的学堂，起初只有两个学生。一个是胡适，一个是四叔自己的儿子嗣秌。"四叔是个绅董，常常被本族或外村请出去议事或和案子；他又喜欢打纸牌（徽州纸牌，每副一百五十五张），常常被明达叔公，映基叔，祝封叔，茂张叔等人邀出去打牌。"[16]遇到这种时候，四叔就在出门之前安排好功课，给他们"上一进书"，让他们自己念。嗣秌被家人溺爱，不喜欢读书，四叔前脚离开学堂，嗣秌后脚就溜到灶下或后堂去玩了。大多时候，学堂里只有在慈母严厉管教下的胡适独自一个人坐在那里温书念书。

等到四叔回来，通常天时已经很晚。他会批阅一下两个小孩的毛笔字作业，写得好的加个圈，便放他们回家了。

胡适因为识字多，做了"跳级生"。《三字经》、《千字文》、《百家姓》、《神童诗》一类的启蒙书都免读了。他读的第一部书，却是父亲胡铁花自编的一部四言韵文：《学为人诗》。其开头即说："为人之道，在率其性。子臣弟友，循理之正；谨乎庸言，勉乎庸行；以学为人，以期作圣。"[17]从小，父亲一生秉持的正直、坦荡、率真的为人之道深深影响着胡适。

清光绪二十五年（1899）十二月，四叔介如先生被选为颍州府阜阳县训导。这家塾学堂便移交给族兄禹臣先生。

禹臣先生接手学堂后，学生也增多了，起初是五个，后来增加到十多个。新来的学生中有好几个都不愿意读书，尤其是嗣昭、嗣逵。嗣昭比胡适还大两三岁，论天资也不算笨，就是不爱读书，逃学是经常的事，他宁愿在田里睡觉挨饿，甚至抓回去被打，也不想念书。

胡适喜欢读书，他怎么也想不明白怎么会有人宁愿挨饿、挨打、挨大家笑骂，却不情愿念书呢。后来他才知道因为他们是"两元钱

的阶级"。绩溪上庄一带,蒙馆学金很低,一年也就两块银圆。先生
对于这"两元钱的阶级"的学生,只是教他们念死书,背死书,从来不
肯为他们"讲书",道出书中所云的一二三四,所以愈是学到后面,愈
觉得枯燥乏味,逃学的学生自然也就多了起来。胡适回忆说:这学
堂里,逃学的"先有嗣昭,后来有个士祥,都是有名的'赖学胚'。他
们都属于这每年两元钱的阶级。因为逃学,先生生了气,打的更利
害。越打的利害,他们越要逃学。"[18]

唯有胡适却是不属于这"两元钱的阶级"。冯顺弟牢记丈夫遗
嘱中所说:"穈儿天资颇聪明,应该令他读书"[19]之话,心中有强烈的
让儿子读好书的愿望,从胡适一读书她就给先生很高的学金。"第
一年就送六块钱,以后每年增加,最后一年加到十二元。这样的学
金,在家乡要算'打破纪录'的了。"[20]冯顺弟学金给得多,先生对胡
适自是另眼相看,特别优待,认真为胡适"讲书",力求一字一句都说
得清清楚楚、明明白白。

"讲书"的好处,胡适也是后来才明白的。有一次,一位同学的
母亲央请禹臣先生代笔写一封家信给她丈夫,禹臣先生写好信,交
给这位同学带回家去。一会儿,禹臣先生出门去了。这位同学便把
家信打开来偷看,可这信上第一句"父亲大人膝下"他就看不明白
了,于是向胡适求教。胡适很惊讶,这位年龄比他大一岁,也读过四
书的同学,竟不知"父亲大人膝下"是什么意思!胡适忽然明白了,
"我一生最得力的是讲书,父亲母亲为我讲方字,两位先生为我讲
书。念古文而不讲解,等于念'揭谛揭谛,波罗揭谛',全无用处"[21]。

清光绪二十六年(1900),胡适9岁。这一年,胡适回忆说:"一本
破书忽然为我开辟了一个新天地,忽然在我的儿童生活史上打开了
一个新鲜的世界!"[22]某天,胡适正好没课,便跑到四叔家玩,无意间
看见四叔卧房的桌子下,一只美孚煤油板箱里的废纸堆中,露出一
本破书。胡适不经意地捡起这本破书,见书的两头尽是老鼠啃过的
痕迹,缺缺牙牙,封面也被扯破了,只依稀可辨四个字:第五才子
《水浒传》。胡适心下甚奇,这是本什么书啊,怎么他从未听说过

呢？于是，他便顺手翻看起来。

这本被老鼠咬坏的破书，胡适能看到的开始一回，是"李逵打死殷天锡"。这李逵，他早从戏台上便认得了，甚是喜爱。于是他干脆站在那只美孚破板箱边，一口气看完了残破的《第五才子》。这不看还好，一看，胡适心里就像被猫抓一般难受。这书，到底前面讲了些什么，后面又讲了些什么啊？胡适迫切地想要知道答案。于是他拿了这本破书，急急地去找五叔。他以为，五叔最会讲故事，肯定会有这本书。但是五叔竟然没有！胡适又去找守焕哥，守焕哥也没有。不过，他家却有一本《第一才子》（《三国演义》），胡适喜出望外，便高高兴兴地捧回家读去了。

功夫不负有心人，胡适后来还是寻到了全本的《水浒传》。两本名著读完，胡适读小说的兴趣也大涨。胡适回忆这段经历说："从此以后，我到处去借小说看。"[23]胡适慢慢也开始收藏书了。胡适的三姐夫（周绍瑾）只要到胡适家中来，总带些《正德皇帝下江南》、《七剑十三侠》一类的书送给胡适。胡适称："这是我自己收藏小说的起点。"[24]

自此，胡适开始四处搜寻小说并阅读之。他甚至做了一个小手折，把看过的小说记录其上："我记得离开家乡时，我的折子上好像已有了三十多部小说了。"[25]这些小说，大部分都是白话小说，既有《薛仁贵征东》、《薛丁山征西》、《五虎平西》、《粉妆楼》一类最无意义的小说，也有《红楼梦》和《儒林外史》一类第一流作品。胡适认为儿时读的这些小说，让他"在不知不觉之中得了不少的白话散文的训练"，"帮助我把文字弄通顺了"，像"《周颂》，《尚书》，《周易》等书都是不能帮助我作通顺文字的。但小说书却给了我绝大的帮助"。[26]

五 英雄美人画被毁了

胡适小时身体羸弱，母亲又管束得极严，他少有跟着野蛮孩子一起撒欢，偶尔调皮，被母亲瞧见，少不得要在无人时被责骂。久而久之,胡适"小时不曾养成活泼游戏的习惯,无论在什么地方,我总是文绉绉地"[27]。老辈见他一副斯斯文文的模样,就说他"像个先生样子"。由于胡适小时,父母和老辈们都叫他糜儿,遂称他"糜先生"。不久上庄村人都知道三先生的小儿子叫作"糜先生"。渐渐地,这糜先生的名号就像孙悟空头上戴的紧箍咒,让胡适做什么事都要掂量一下。"既有'先生'之名,我不能不装出点'先生'样子,更不能跟着顽童们'野'了。"[28]

一天,胡适在家门口和一帮孩子玩"掷铜钱"的游戏。一位老辈打他家门前经过,见文绉绉的小胡适也凑一块儿,跟着一帮顽皮的孩子玩得不亦乐乎。老辈笑眯眯地打趣道:"糜先生也掷铜钱吗?"老辈话音刚落,胡适已是面红耳赤,羞愧不已,自觉失了"先生"的身份,日后也就少有参与孩子们的游戏,益发喜爱看书,甚至"每年秋天,我的庶祖母同我到田里去'监割'(顶好的田,水旱无忧,收成最好,佃户每约田主来监割,打下谷子,两家平分),我总是坐在小树下看小说"[29]。

书看得多了,胡适肚子里的故事也多了,他也学着五叔讲起故事来。他最喜讲《聊斋》,那些本家姐妹们最爱听。"那时候,四叔的女儿巧菊,禹臣先生的妹子广菊多菊,祝封叔的女儿杏仙,和本家侄女翠苹定娇等,都在十五六岁之间;她们常常邀我去,请我讲故事。"[30]胡适很享受当说书先生的感觉,故事一开讲,家中姐妹就围坐在胡适身边,一边手里做着女儿活,或是纳鞋底或是绣着花,一边直着耳朵,听得津津有味。《聊斋》中的《凤仙》、《莲香》、《张鸿渐》、《江城》……一个个故事令她们如痴如醉,欢喜不已。"她们听我说完故事,总去泡炒米,或做蛋炒饭来请我吃。"[31]如此高的礼遇,让胡适受宠若惊,他想起当年自己求五叔讲故事时的情景:"我们平常请五叔讲故事时,忙着替他点火,装旱烟,替他捶背。现在轮到我受人巴结了。"[32]胡适当时得意的心情可想而知。那时的他,还没有体会到讲故事的真正好处,直到后来他才明白,"这样的讲书,逼我把古文的故事翻译成绩溪土话,使我更了解古文的文理。所以我到十四岁来上海开始作古文时,就能做很像样的文字了。"[33]

和同龄孩子相比,胡适一生可算是不曾享过儿童游戏的生活。他记忆中稍微活泼点的游戏,是在他十一二岁时,和一帮同学组织了个戏剧班。他们自己动手,用木竹做了不少的刀枪剑戟,又四处去借了几副假胡须,整日在村口田里排演戏剧。胡适扮演的总是诸葛亮、刘备一类的文角儿,只有一次他做了回"武生",出演了《水浒传》里的史文恭,结果被花荣一箭从椅子上射倒下去。胡适思量来,"这算是我最活泼的玩艺儿了"[34]。但是失之东隅,收之桑榆,胡适虽然没有一个游戏童年,却从书本里看到了一个更宽广有趣的世界,萌生了"读万卷书,行万里路"的念想。

回忆自己的年少生活,胡适是骄傲的、庆幸的,也是怅惘的:"我在这九年(1895—1904)之中,只学得了读书写字两件事。在文字和思想的方面,不能不算是打了一点底子。但别的方面都没有发展的机会。"[35]胡适的怅惘不是没有来由的。幼年未能参加徽州的太子会,错失了一生中唯一一次学习音乐的机会,致使他始终迷惑自己是否有音乐的天赋。

徽州一带,盛行太子会,这是乡村一年里最热闹的时候。太子会每年举行,由各村轮流筹办,叫作"当朋"。胡适介绍说:"八都凡五村,称为'五朋',每年一村轮着做太子会,名为'当朋'。"[36]有一年恰逢上庄村"当朋",村里开筹备大会,有人提议派胡适跟着前村的昆腔队学习吹笙或吹笛。族里长辈坚决反对,认为胡适年纪小,身子弱,跟着太子会走遍五朋,身体吃不消,这事便就此作罢了。胡适后来回忆起这事儿,还是有些耿耿于怀。他曾说,"三十年来,我不曾拿过乐器,也全不懂音乐;究竟我有没有一点学音乐的天资,我至今还不知道"[37]。

学音乐是不成了,没想到,学图画更是不可能的事。胡适爱读小说,也爱书中的插画,常常取来竹纸蒙在书中的石印绘像上,一笔一笔地精心描摹手持刀枪的英雄,或是婉约妩媚的美人。不料,有一天,胡适聚精会神地描画书上的英雄美人时,被先生看见了,先生一顿臭骂,还把他抽屉里保存的那些图画全部抓了出来,几把乱扯,撕成了碎片。胡适当画家的梦想就这样被先生的几把乱扯变为泡影。胡适后来感叹,"于是我又失掉了学做画家的机会"[38]。

童年时光,是一段带着幻想与好奇,进行着碰撞与寻找的尝试之旅。唯有走过这段旅程,人才会找到自己的方向和未来。胡适的童年,艺人这条路早早就被堵死了,唯有读书、讲故事这条路在他脚下却是畅通无阻,游刃有余,似乎注定他将来要扛起新文化这面旗帜。

六 三十五字不信神

胡适父亲尊崇程朱理学,接受了自然主义的宇宙观,不信鬼神,家中大门上也贴着"僧道无缘"的条子,但家中女眷却是深信神佛。胡适父亲去世后,四叔又出门当官,家中无人管制,女眷们吃斋念佛的风气日盛,大门上"僧道无缘"的条子,也不知何时无了踪影。

家中女眷信佛,也收藏了不少宣佛的善书。胡适喜书,不管什么书都看,佛书自是读了不少,如《玉历钞传》、《妙庄王经》。自此,胡适脑中装满了有关地狱的残酷景象和善恶轮回因果报应的故事。小小心灵,充满了对佛教的敬畏与恐惧,生怕落得个下地狱的凄惨结果,或前世是猪今生做牛的悲惨命运。

母亲不曾体察到胡适的恐惧,只是爱子心切,便将一切希望寄托于佛祖,寄望他保佑胡适,于是日日里诚心礼佛,还时时教诲胡适"拜佛拜神总须诚心敬礼"。胡适每年都会陪着母亲回趟外婆家,十里路上烧香拜佛总要花去大部分的时间。胡适后来回忆说:"所过庙宇路亭,凡有神佛之处,她总教我拜揖。"[39]母亲虔诚礼佛之心,由此可见一斑。

有一年,胡适害肚痛,又生眼翳,母亲很着急,便代胡适许愿,言病好后亲自到古塘山观音菩萨座前烧香还愿。后来胡适的病好了,母亲便拉着星五伯娘带着胡适一起去古塘山还愿。母亲的脚有宿疾,终年疼痛,但为了儿子,她步行上山,每走几步就得坐下来休息,却自始至终没有说一句苦痛的话。

胡适是母亲一生的希望和活着的理由。她谨记胡适父亲的遗嘱,促胡适日日勤读,盼胡适早日成名。所以,胡适母亲非常尊敬礼崇孔圣人,常常叮嘱胡适每天拜一拜孔夫子。

这年春节,胡适去大姐家拜年,看见外甥章砚香供了一个孔夫子的神龛,"是用大纸匣子做的,用红纸剪的神位,用火柴盒子做的祭桌,桌子上贴着金纸剪的香炉烛台和供献,神龛外边贴着许多红纸金纸的圣庙匾额对联,写着'德配天地,道冠古今'一类的句子"[40]。胡适看到这个神龛,羡慕不已,回到家中,自己也动手做了一个。他"寻到了一只燕窝匣子,做了圣庙大庭;又把匣子中间挖空一方块,用一只小匣子糊上去,做了圣庙的内堂,堂上也设了祭桌,神位,香炉,烛台等等"[41]。胡适还为颜渊子路等圣门弟子安排了神位、小祭桌,又借了一部《联语类编》,选了许多圣庙联匾句子,请近仁叔写在用金银锡箔制的匾对上,贴在神龛里。母亲见胡适如此尊敬孔夫子,非常高兴,专门给他一张小桌子供这神龛,又送他一个铜香炉。从此,每逢初一和十五,母亲都要敦促胡适焚香敬礼。

胡适后来回忆说:"这座小圣庙,因为我母亲的加意保存,到我二十七岁从外国回家时,还不曾毁坏。"[42]虽然小圣庙依旧,但人心已非。胡适在十一二岁时便已成为一个无神论者。

有一天,胡适温习朱子的《小学》,读到司马温公家训中论地狱的一段话:"形既朽灭,神亦飘散,虽有剉烧舂磨,亦无所施。……"胡适忽觉眼前一亮,又反复读了几遍,心中豁然。那些长久以来压抑在心中,源于鬼魅的地狱世界和转世轮回因果报应的恐惧就像空中飘散的阴云,荡然无存。"《目连救母》,《玉历钞传》等书里的地狱惨状,都呈现在我眼前,但我觉得都不怕了。放焰口的和尚陈设在祭坛上的十殿阎王的画像,和十八层地狱的种种牛头马面用钢叉把罪人叉上刀山,叉下油锅,抛下奈何桥下去喂饿狗毒蛇,——这种种惨状也都呈现在我眼前,但我现在觉得都不怕了。"胡适"心里很高兴,真像地藏王菩萨把锡杖一指,打开地狱门了"。[43]

后来,胡适读《资治通鉴》第136卷,又看到一个范缜反对佛教的故事。范缜言:"形者神之质,神者形之用也。神之于形,犹利之于刀。未闻刀没而利存,岂容形亡而神在哉?"范缜以刀子喻形,以刀口的锋利喻神,刀之不存,何来刀口的锋利?人的形体都不在了,哪里来的神魂?浅显的比喻说理,让胡适本不信神佛的心更加坚定。"司马光引了这三十五个字的神灭论,居然把我脑子里的无数鬼神都赶跑了。从此以后,我不知不觉的成了一个无鬼无神的人。"[44]

《资治通鉴》还记录了范缜与竟陵王萧子良讨论"因果"之事。范缜盛称无佛,谓"人生如树花同发,随风而散,或拂帘幌,坠茵席之上;或关篱墙,落粪溷之中。坠茵席者,殿下是也。落粪溷者,下官是也。贵贱虽复殊途,因果竟在何处?"他以庭院里的花树为喻,认为人的命运各异,并非因果报应,而是偶然的结果。胡适后来庆幸地说:"我小时听惯了佛家果报轮回的教训,最怕来世变猪变狗,忽然看见了范缜不信因果的譬喻,我心里非常高兴,胆子就大的多了。"[45]

胡适不信神佛,不敬鬼神,终是给自己惹来一桩麻烦。他13岁那年春节,去大姐家拜年,小住几日后,便于正月十五这天和外甥砚香及他家一名长工一同回上庄村看灯。中途经过中屯村口的三门亭,胡适看见里面供了几尊神像,便嚷嚷着要把这几尊烂泥菩萨拆下来抛进茅厕里。此话一出,砚香外甥与同来的长工,吓得激灵灵打了个冷战。两人赶忙上前劝阻,好说歹说才把胡适拉走。

事也凑巧,那晚,胡适回到上庄,陪家里客人喝了一两杯烧酒,觉着有点醉意,便跑到大门外去吹风,谁想,风助酒劲,胡适醉意更甚,便直着嗓子大喊:"月亮,月亮,下来看灯!"邻家的孩子瞧着好玩,也都跟着一阵大喊,喊声此起彼伏,好不热闹。

于是,母亲让人来唤胡适回去。胡适怕母亲责骂,撒腿就跑,没多久就被抓了回去,可他仍继续借酒装疯,意图逃过母亲的责罚。砚香外甥家的长工却认定是他白天冒犯了神道,神道怪罪下来了。

他将白天发生之事告诉母亲。母亲一听，急忙叫人抱住胡适，自己则去洗手焚香祷告，祈求神道宽宏大量，饶恕胡适的年幼无知，他日必定去三门亭烧香还愿云云。

一个月后，母亲就带着胡适去了中屯外婆家，在那儿置办了猪头供献，备了香烛纸钱，请母舅陪同胡适去三门亭谢神还愿。"我母舅是个虔诚的人，他恭恭敬敬的摆好供献，点起香烛，陪着我跪拜谢神。我忍住笑，恭恭敬敬的行了礼，——心里只怪我自己当日扯谎时，不曾想到这样比挨打还更难为情的责罚！"[46]

第二章　历练(1904—1910)

一　连升四班的烦恼

胡适十一二岁时，禹臣先生向母亲请辞，直言自己已经没什么东西可以教胡适了。于是母亲想送胡适去外地求学，便去询问胡适二哥和三哥的意思。谁知，胡适二哥和三哥不置可否。母亲见二位哥哥对胡适外出求学之事不上心，而家中财权又握在二哥手中，只得忍气吞声回到自己房中，眼泪也默默地流了下来。

"但父亲的遗嘱究竟是父亲的遗嘱，我是应该念书的。况且我小时很聪明，四乡的人都知道三先生的小儿子是能够念书的。"[1]

光绪甲辰年(1904)春天，胡适三哥的肺病很严重了，决定去上海求医治病。二哥也同意胡适随同前往上海求学。胡适要走了，母亲的难过与不舍可想而知，但她没有表露分毫。"她只有我一个人，只因为爱我太深，望我太切，所以她硬起心肠，送我向远地去求学。临别的时候，她装出很高兴的样子，不曾掉一滴眼泪。"[2]

胡适离开上庄村时，号称 14 岁，而实际年龄只有 12 岁多。一个懵懂少年，远离家门，"向那不可知的人海里，去寻求我自己的教育和生活，——孤零零的一个小孩子，所有的防身之具只是一个慈母的爱，一点点用功的习惯，和一点点怀疑的倾向"[3]。

胡适到上海求学之时，恰逢西学东渐，新学堂取代了旧式的私塾与书院，在上海遍地开花。然而这些新式学堂还不成熟，课程也很不完备，只有国文、算学、英文三项。分班标准也非常单一，主要是以国文水平的高低来决定学生就读班级的高低。若学生国文水平低，即便英文和算学成绩再好，那也是不能升班或是毕业的。相反，若学生国文水平高，即便英文和算学成绩不好，也是可以升班或是毕业的。

胡适在上海进入的第一个学堂梅溪学堂即是新学堂,乃胡适父亲生平最佩服的一个朋友张焕纶先生所办。张焕纶是新教育运动的倡导者与先行者,创办了梅溪书院,后改为梅溪学堂。

胡适第一天到学堂,先去拜见了张焕纶先生。随后学堂老师了解了一下胡适的读书情况。由于胡适不懂上海话,老师也不甚了解他的国文程度,听说他还没有"开笔"做过文章,就把他安排在最低的一个班,五班。这一天,学堂里很多小学生都跑来看他,只因他还穿着蓝呢的夹袍,绛色呢大袖马褂,一眼就能辨出是个乡下人。胡适虽觉难为情,有点胆怯,但是求知的渴望以及对新学堂的好奇战胜了胆怯,他很快就投入到学习中。

五班使用的国文教材是文明书局的《蒙学读本》,英文教材是《华英初阶》,算学教材是《笔算数学》。胡适凭着在家乡奠定的古文基础,学习《蒙学读本》非常轻松。于是,他把大部分时间都花在了英文和算学上。

一个月后的某天,国学老师沈先生在课堂上为学生讲解课本中的一段引语:"传曰,二人同心,其利断金。同心之言,其臭如兰。"沈先生随口说这是《左传》上的话。这时胡适已经勉强能听得懂上海话了,待先生讲完课后,他便走到先生面前,低声对他说,这个"传曰"是易经的《系辞传》,不是《左传》。沈先生一脸惊愕地看着胡适,脸涨得通红。他没有想到,这个班居然有学生知道《易经》。于是,他详细询问胡适读了哪些书,又问胡适写过文章没,胡适回答没有。他便出了"孝弟说"三个字,让胡适作篇文章。胡适回到座位,冥思苦想,抓耳挠腮,好不容易写出一篇一百多字的文章交给先生。看了胡适做的文章,先生又是一脸惊愕地看着胡适,然后说:"侬跟我来。"胡适便卷了书包,跟着先生来到二班。沈先生对二班的教员顾先生说过几句话后,顾先生便在二班给胡适安排了座位坐下。胡适很开心,"一天之中升了四班,居然做第二班的学生了"[4]。

高处不胜寒,正在胡适高兴得意的时候,让他头疼的事情来了。他升班那天是星期四,正是写作文的日子。课堂大黑板上写了两个题目,一个是论题:"原日本之所由强";一个是经义题:"古之为关也将以御暴,今之为关也将以为暴"。经义题,胡适是闻所未闻,根本不知道怎么做,完全不敢想。论题呢?所谓的日本,在天南地北的何方他都不知道,论述"原日本之所由强"就更无从说起了。胡适既焦急心愧又有几分胆怯。因为刚到这个班上,同学中没有一个熟人,他又不敢去问先生,羞愤之际,胡适心中暗暗埋怨沈先生不管三七二十一就把他升了班,搞得他这么难堪。

就在胡适不知所措之时,学堂里的一个杂役走进教室,低声对先生说了几句话,又递给他一张字条。先生看了字条,便叫胡适来,说他家中出了急事,已经派了人来领他回家,这次的卷子允许他带回去做,下星期四则必须交卷。胡适心下暗喜,急急忙忙抄了题后,便跑出了课堂。到了学堂门口,见了来人,才知道原来是三哥病危,二哥此时又在汉口,家中无人主事,店里管事慌了神,不知所措,只得赶紧派人把正在读书的胡适叫回店里。胡适回到店里时,三哥已经是有气无力,说话细微了。没几个钟头,三哥就靠在胡适的手腕上闭目而去了。

第三天,二哥从汉口赶回来了。胡适帮着二哥把丧事办了后,便将升班之事告诉了二哥,又问他写作"原日本之所由强"这篇文章,应该参考些什么书。二哥听后,便给胡适找了许多参考书,其中有《明治维新三十年史》、壬寅《新民丛报汇编》等,足足装了一大篮子,让胡适带回学堂翻看。花了几天的工夫,胡适总算凑出一篇论说文交了上去。

凭借厚实的国学根基,很快地,胡适对论说文是驾轻就熟。不久,连做"经义"也不在话下了。胡适回忆这段经历时,说:"几个月之后,我居然算是头班学生了,但英文还不曾读完《华英初阶》,算学还只做到'利息'。"[5]

二 点蜡烛抄《革命军》

在梅溪学堂，胡适接触新学，思考社会问题的机会日益增多，对时政也日益关注。恰好二哥为他找来的那一堆参考书中有一本壬寅《新民丛报汇编》，胡适如饥似渴地读完了这本书，感觉犹未尽兴，欲罢不能，又阅读癸卯《新民丛报汇编》以及其他梁启超所著之文章。胡适说："梁先生的文章，明白晓畅之中，带着浓挚的热情，使读的人不能不跟着他走，不能不跟着他想……跟着他走，我们固然得感谢他；他引起了我们的好奇心，指着一个未知的世界叫我们自己去探寻，我们更得感谢他。"[6]

壬寅癸卯《新民丛报汇编》中的文章颇多革命思想，尤其是其中梁启超所著的《新民说》与《中国学术思想变迁之大势》两篇，对胡适影响甚深。梁启超在《新民说·叙论》中言："未有四肢已断，五脏以瘵，筋脉已伤，血轮已涸，而身犹能存者；则亦未有其民愚陋怯弱涣散浑浊而国犹能立者。……苟有新民，何患无新制度，无新政府，无新国家！"主张改造中华民族，又言中华民族缺乏外国民族所具有的种种美德，为胡适开辟了一个新世界，使他相信中国之外还有很高等的民族与文化。《中国学术思想变迁之大势》将中国学术思想史分为七个时代，第一次用历史眼光来整理中国旧学术思想，使他知道，除了"四书"、"五经"，中国也是有学术思想的，胡适后来回忆说："我们在那个时代读这样的文字，没有一个人不受他的震荡感动的。他在那个时代（我那时读的是他在壬寅癸卯做的文字）主张最激烈，态度最鲜明，感人的力量也最深刻。他很明白的提出一个革命的口号：破坏亦破坏，不破坏亦破坏！（《新民说·论进步》）"[7]

梁启超的革命言论，以及时代英雄为革命视死如归的壮举，冲击涤荡着这一时代少年的思想与灵魂，在他们的脑海种下了革命的种子。有一天，胡适的同学王言不知道从哪里弄来了一本邹容的《革命军》，胡适、郑璋等几个已经受到新思想影响的少年郎，非常激动，他们如获至宝，互相传阅着《革命军》，少年郎的激情被书中革命的思想所激起，澎湃不已。这本书成了他们心中弥足珍贵的宝物，但借来的书是要还的，三人便决定手抄《革命军》。于是，每天晚上，等学堂舍监查夜之后，几个激进的少年郎，便偷偷点起蜡烛，连夜轮流抄写《革命军》。

这一年又恰逢日俄战争爆发。"这时候中国的舆论和民众心理都表同情于日本，都痛恨俄国，又都痛恨清政府的宣告中立。仇俄的心理增加了不少排满的心理。"[8]上海报纸每天都会登载详细的战事新闻，让胡适这一批爱看报的少年学生感觉非常亢奋。这一年，因为这场战争，上海连续发生了两件刺激人心的案子。一件事是革命党万福华在租界内枪击前广西巡抚王之春，因为王之春是个联俄派。另外一件事是上海黄浦滩上一个宁波木匠周生有被一个俄国水兵无故砍杀。上海报纸将之悉数登载，刚创办的《时报》，更是天天用简短沉痛的时评替周生有喊冤，攻击上海的政府官厅。胡适、王言、郑璋等三人读到这种激愤的短评，也是义愤填膺，恨不能为周有生洗刷冤屈。后周生有案判决结果下来，人们既失望又愤慨。胡适和王言、郑璋三人更是非常愤恨上海官厅所为，愤恨上海道袁海观。于是，三人联合写了一封长信，痛骂上海道袁海观，并匿名给他寄去。

恰巧这一年，梅溪学堂改为梅溪小学，年底要办毕业第一班。学校决定把胡适和张在贞、王言、郑璋四个人送到上海道衙门去考试。胡适、王言、郑璋三人已经接受了新思想的熏陶，觉得政府的所作所为令人发指，这样激进的学生，"正在传抄《革命军》的少年，怎肯投到官厅去考试呢？"[9]没等到考试日期，胡适、王言和郑璋三人就离开学堂了。因为"这一年之中，我们都经过了思想上的一种激烈变动，都自命为'新人物'了"[10]。

三　时代风气下的表字

胡适离开梅溪学堂后,就去了澄衷学堂。澄衷学堂为宁波富商叶成忠先生创办,原是为教育宁波的贫寒子弟而设,后规模渐渐扩大,成为上海有名的私立学校,入学的人便不仅限于宁波人了。学堂的总教白振民先生"和我二哥是同学,他看见了我在梅溪作的文字,劝我进澄衷学堂。光绪乙巳年(1905),我就进了澄衷学堂"[11]。

澄衷蒙学堂

澄衷学堂的学科设置比梅溪学堂合理了许多,除国文、英文、算学之外,还有物理、化学、博物、图画诸科。在澄衷学堂,英文算学程度过低是不能升入高班的,这和梅溪学堂截然不同。胡适刚进澄衷学堂时,因英文算学太低,被编在东三斋(第五班),但胡适在学习上一直都有一股倔劲,喜欢什么,便一门心思扑进去,非弄个水落石出不可。那段时间,他迷上了算学,常常在宿舍熄灯之后,点起蜡烛放在床架上,自己则伏在被窝里,把演算用的石板放在枕头上做算题。他给自己定下了半年要跳过一班的目标。"所以我须要自己补习代数。我买了一部丁福保先生编的代数书,在一个夏天把初等代数习完了,下半年安然升班。"[12]由于胡适太过用功,睡眠不足,影响了身体健康,以至于有一段时间,胡适的两只耳朵几乎什么也听不见,后来听力才慢慢恢复。

有付出便有回报。胡适用功的结果,便是考试常常拿第一名。澄衷学堂管理很严格,每月有月考,每半年有大考,月考大考都会出榜公布考试成绩,考取了前三名的有奖品。成绩好,自然升班也快,所以胡适在澄衷学堂也是一年中升了四个班。胡适后来回忆在澄衷学堂的这段求学时光,最感欣慰的是"我在这一年半之中,最有进步的是英文算学。教英文的谢昌熙先生,陈诗豪先生,张镜人先生,教算学的郁耀卿先生,都给了我很多的益处。"[13]

澄衷学堂的教员之中,胡适受国文教员杨千里先生的影响最大。先生思想新锐,名气颇大。胡适在没成为他班上学生之前,特意去拜访了他,先生很鼓励胡适,在他的作文稿本上题了"言论自由"四个字。

后来胡适升上了东二斋(三班),先生成了胡适班上的国文教员。有一次,先生要求胡适班上的同学去买吴汝纶删节的严复译本《天演论》来做读本,之后又请同学们以"物竞天择,适者生存,试申其义"为题写一篇文章。"这种题目自然不是我们十几岁小孩子能发挥的,但读《天演论》,做'物竞天择'的文章,都可以代表那个时代的风气。"[14]所以,胡适便依题而行,作了一篇激情横溢的文章。他开篇即条理明晰地阐明了物竞天择的基本含义:"物与物并立必相竞,不竞无以生存也,是曰物竞。竞矣,优胜矣,劣败矣,其因虽皆由于人治,而自其表面观之,壹若天之有所爱憎也者,是曰天择。"[15]随后多角度多方面地剖析挖掘"物竞天择,适者生存"之内涵。十几岁的少年,能写出如此文章,实属不易。先生给予胡适这篇文章"富于思考力,善为演绎文,故能推阐无遗"的评语,并"赏制钱二百,以示奖励",还将此文推荐到学校刊物《智识》上登载发表。

《天演论》是那个时代的流行读本,出版没几年便风行中国,甚至成为中学生的课堂读本。在那个动荡与屈辱并存的年代,人们彷徨、迷惑,《天演论》一登场,如一道强光,划破迷雾。但当时,"读这书的人,很少能了解赫胥黎在科学史和思想史上的贡献。他们能了解的只是那'优胜劣败'的公式在国际政治上的意义。在中国屡次战败之后,在庚子辛丑大耻辱之后,这个'优胜劣败,适者生存'的公式确是一种当头棒喝,给了无数人一种绝大的刺激。"[16]

随后几年,"这种思想像野火一样,延烧着许多少年人的心和血。'天演'、'物竞'、'淘汰'、'天择'等等术语都渐渐成了报纸文章的熟语,渐渐成了一班爱国志士的'口头禅'"[17]。许多人甚至用这些时髦的名词为自己或是儿女取名。胡适也未能免俗,其"胡适"之名也是时代风气之产物。胡适原名胡洪骍,看到同学受时代思潮的影响,有叫竞存的,也有叫天择的,胡适也想给自己取个有意义的表字。某天大清早,胡适便去找二哥,让他给自己想一个表字。二哥刚起来,一面洗脸,一面若有所思地说:"就用'物竞天择适者生存'的'适'字,好不好?"胡适乐坏了,这字可再好不过,二哥字绍之,三哥字振之,自己字适之,既有新意,又和二哥、三哥的字配合得很好。此后胡适发表文章,偶尔会用"胡适"作笔名,直到官费留美考试时(1910年)才开始正式用上"胡适"这个名字。

四 与学堂总教的冲突

胡适自觉"个人受了梁启超无穷的恩惠"[18],深受梁启超《新民说·叙论》中"五色人相比较,白人最优。以白人相比较,条顿人最优。以条顿人相比较,盎格鲁-撒逊人最优"言论影响,尤爱西学,其最爱读的英文书有两本,一是《世界史纲》,一是《国民读本》。这两本书甚合他意,每有所得,他便欣喜万分,并将心得与体会详细记录。在丙午年(1906)4月10日的日记中胡适言:"西国举议员(代议者)一事,予习闻之,以为随众人之意向而举之,不必被选者之知之也,又以为被选者苟自陈欲被选之意于举人者之前,则将跻于钻营者之列也,今读 Ornld-Jorster 之国民读本,乃知其有大谬不然者"[19],秘密选举,无记名投票遂成为胡适最推崇的一种民主方式。

澄衷学堂环境宽松,民主精神也相当浓厚,学生能够自主建立社团,发表演讲。胡适读书之余,喜欢参加社团活动。澄衷学堂的社团组织五花八门,无所不包,胡适出入最频繁也是最重要的有两个:集益会和自治会。

集益会,顾名思义,类似于现在的座谈会或者交流会。集益会不局限于学生,时常也请来老师演讲。丙午年(1906)二月二十九日,西一斋集益会,请来杨千里等教师演说,杨先生特别强调"一会之成立与否,在众会员程度之高下,不仅在一二职员"。算学教师郁耀卿则告诫学生演说之道,"不得肆口谩骂"。胡适认为这些都是金玉良言,"尤为切中当今新党少年之弊"。三月二十日,集益会召开第七次常会,与会者畅所欲言,余君提议会员不到会逾三次者即令出会之法,众皆赞成;白雅余先生引经据典,演"泰否"二字之义;汪立贤君纵论时事,演说南昌教案事;严佐清君演说光学、李世桂君演说算术九试法,等等。其演说内容,包罗万象,语言学、物理学、宗教学、数学,纯粹学问探讨与敏感社会话题兼而有之,胡适深受感染,"乃登坛演说,总论各人之演说"[20]。

所谓自治会即"学生自治会",即现在的学生会。四月初六日,胡适在自治会第五次集会上,演说"释治字之义"、"论同学宜于学问上德性上着力竞争"、"论选举时被选举者及选人者之权利义务",并于演说后以十八票的高票当选为自治会会长。[21]

胡适也热衷于发起社团活动。他与同学商量,酝酿成立学生社团"阅书社",得到了不少人的赞同。他自拟章程,得到总教习白振民先生赞成,"允以故算学三斋地假为社所并允以本校藏书相助"。胡适便积极招募社员,自行决定所读书籍,并开展书评交流活动,为西四斋的学弟们开讲书会,讲述"友爱之真义","讲书之实行"。[22]

浓厚的民主氛围,多样的学科教育,丰富的社团活动,使得胡适非常喜欢澄衷学堂,然而因为一件小事,却使胡适在还有一年即毕业的情况下,离开了澄衷学堂。

丙午年(1906)五月十六日,这天天气极热。身为班长的胡适见天气炎热,学校为学生新做的夏季体操服又未到,便向舍监提出当天不出操之请求。舍监不同意,责令他们穿旧体操服出操。胡适找了许久,也未凑足十件,便率领同学罢操,回教室温书去了。舍监与总教白振民先生见西一斋无人出操,遂到教室盘查此事,胡适便以天热出操易致人生病告之白振民先生。白先生批评胡适聚众要挟。后来,东一斋也是有样学样不出操,白先生以为这事说来说去还是要怪胡适,大为冒火。幸得国文老师杨先生说情,白先生才作罢。原以为事情就此了结,不想当天下了一场小雨,热气消退,同学们便出去补操,也无人因此生病。白先生认为胡适之理由纯属借口,便悬牌告示:"胡洪骍、赵敬承不胜班长之任,应即撤去。"[23]

胡适以为,当不当班长不重要,但事情的是非曲直得说清楚。于是,他给白先生写了一封长信解释。信中又顺带提及同班同学余成仁说白振民言他好辩一事。第二日,白振民看信后勃然大怒,找来余成仁与胡适对质,事情越发复杂,白振民再次悬牌,说他"播弄是非、诬蔑师长",又写信给胡适二哥,言"将此不悛,将不能顾私情而妨公益"。白振民每悬一牌,胡适便写一封信申辩。胡适二哥收到白振民去信后,便写信责备胡适好名,令胡适向白振民道歉。胡适只得第三次写信给白振民,"略表悔意",并说明他将辞去所有职务以为道歉。白振民收到胡适的道歉函,于19日悬牌:"胡洪骍自陈改悔,姑许其自新,前情姑不追究。"[24]

出操事件后不久,胡适再次与白振民发生冲突。"有一次为了班上一个同学被开除的事,我向白先生抗议无效,又写了一封长信去抗议。白先生悬牌责备我,记我大过一次。我虽知道白先生很爱护我,但我当时心里颇感觉不平,不愿继续在澄衷了。"[25]

恰逢此时,中国公学发生了一件震惊上海的大事件,胡适深受触动,遂决定离开澄衷,转考中国公学。但胡适并不否认澄衷给自己的巨大影响。他后来说:"在澄衷蒙学堂的一年半,是我进步最快的时期。算学和英文都有进步,文字和思想也有点儿成熟的样子。严复的译本、梁启超的散文论著,夹杂着一些宋明理学的书,都给了一些思想的材料。"[26]

五 《竞业旬报》的白话文

中国公学由爱国留日学生创办。光绪乙巳年(1905),日本文部省颁布取缔中国留学生的条文。一批中国留日学生视之为奇耻大辱,愤慨回国,并决定在国内成立一个公立大学。乙巳年(1905)十二月,由十三省的留日学生代表参加的全体会决定,大学定名为"中国公学"。丙午年(1906)春天,中国公学在上海新靶子路黄板桥北租屋开学。此时,清政府还未灭亡,男子拖长辫的满族陋习还存在着。但是在上海,这个已经被西方文化搅得天翻地覆的地方,中国公学里却有许多剪了发辫、身着洋装的少年人。普通市民将之视为怪物,政府官吏则疑心他们是革命党。

来自大众的误解,致使中国公学不被社会重视,饱受冷遇,赞助者也是寥若晨星,学校资金严重短缺,开学不到一个半月,就陷入了绝境。公学的干事姚弘业先生竟不惜投江自杀,以此明志。他在遗书中言:"我之死,为中国公学死也。"遗书公开发表之后,震动上海,社会舆论对他的壮举深表敬意。于是赞助中国公学者渐渐增多,中国公学这才避免了关门的悲剧。

胡适读了姚弘业先生的遗书,大受感动,便于当年夏天投考中国公学。中国公学的几位老师读了胡适的应考文章后,皆以为中国公学得了一个好学生。于是,暑假后胡适便进入中国公学读书。

"中国公学的教职员和同学之中,有不少的革命党人。所以在这里要看东京出版的《民报》,是最方便的。暑假年假中,许多同学把《民报》缝在枕头里带回内地去传阅。还有一些激烈的同学往往强迫有辫子的同学剪去辫子。"[27]胡适一直奇怪怎么没有人强迫他剪辫子,或是劝他加入同盟会。直到 20 年后,胡适才知道真相,"但懋辛先生才告诉我,当时校里的同盟会员曾商量过,大家都认为我将来可以做学问,他们要爱护我,所以不劝我参加革命的事"[28]。

胡适宿舍有好几位同学都是江西萍乡和湖南醴陵人,胡适和他们相处不到一个月,互相之间就混熟了。其中有个叫钟文恢的同学,蓄着胡子,人称钟胡子,是竞业学会会长。有一天,他告诉胡适,他们组织了一个学会,"叫做竞业学会,目的是'对于社会,竞与改良;对于个人,争自濯磨',所以定了这个名字"[29],邀请胡适参加。血气方刚的胡适一口应承,并随钟胡子去了设在北四川路厚福里的学会会所,与学会成员共议《竞业旬报》创刊事宜。

竞业学会是鼓吹革命的,大家以为要把革命的思想传播到幼小的儿童,白话是最好的语言传播工具,遂决定《竞业旬报》采用白话文,并提出了旬报的四项宗旨:"一振兴教育,二提倡民气,三改良社会,四主张自治。"[30]

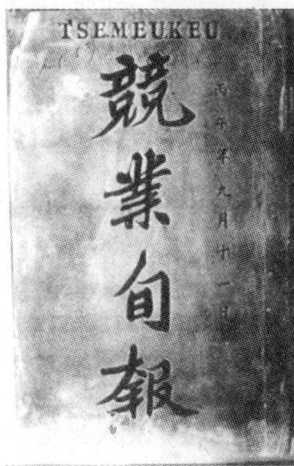

《竞业旬报》创刊号

丙午年(1906)九月十一日,《竞业旬报》第一期出版发行,提倡白话,推行"普通国语"的目标,"屡见于《竞业旬报》的第一期,可算是提倡最早的了"。[31] 其创刊词中言:"今世号通人者,务为艰深之文,陈过高之义,以为士大夫劝,而独不为彼什伯千万倍里巷乡闾之子计,则是智益智,愚益愚,智日少,愚日多也。顾可为治乎哉?"[32] 开宗明义地指出当时文章追求艰深僻涩之弊端,劝时人为文应为普通百姓计,务求明白晓畅。

一篇署名"大武"的文章,则专门论述了学说官话的好处:"诸位呀,要救中国,先要联合中国的人心。要联合中国的人心,先要统一中国的言语。……但现今中国的语言也不知有多少种,如何叫他们合而为一呢?……除了通用官话,更别无法子了。但是官话的种类也很不少,有南方官话,有北方官话,有北京官话。现在中国全国通行官话,只须摹仿北京官话,自成一种普通国语哩。"[33]

　　胡适也在钟胡子的劝说下为《竞业旬报》作了一篇通俗"地理学"的白话文章,文章署名"期自胜生"。这篇通俗"地理学"白话科普文章,在《竞业旬报》从第一期到第三期连载登出。胡适后来回忆说:"这篇文字是我的第一篇白话文字。"[34]他在回忆的文章中专门录了这篇文章的一段文字作为纪念:"譬如一个人立在海边,远远的望这来往的船只。那来的船呢,一定是先看见它的桅杆顶,以后方能够看见它的风帆,它的船身一定在最后方可看见。那去的船呢,却恰恰与来的相反,它的船身一定先看不见,然后看不见它的风帆,直到后来方才看不见它的桅杆顶。这是什么缘故呢?因为那地是圆的,所以来的船在那地的低处慢慢行上来,我们看去自然先看见那桅杆顶了。那去的船也是这个道理,不过同这个相反罢了。诸君们如再不相信,可提一只苍蝇摆在一只苹果上,叫他从下面爬到上面来,可不是先看见他的头然后再看见他的脚么?"[35]

　　这个时候,胡适浅显易懂的文风已显露出来。对于自己的行文风格,胡适始终持肯定的态度:"我抱定一个宗旨,做文字必须要叫人懂得,所以我从来不怕人笑我的文字浅显。"[36]

　　与《竞业旬报》同时,还有许多白话文的报纸,像《国民白话日报》、《安徽白话报》等,胡适也曾在这些报刊上登载过文章,但这都是些短命报纸,几个月后就消失了。"《竞业旬报》出到四十期,要算最长寿的白话报了。"[37]胡适长期坚持在《竞业旬报》上发表文章,还做了很长一段时间的《竞业旬报》编辑。胡适记忆中,"和《竞业旬报》有编辑关系的人,如傅君剑,如张丹斧,如叶德争,都没有我的长久关系,也没有我的长期训练"[38]。在《竞业旬报》的历练,对胡适而言具有里程碑意义:"我不知道我那几十篇文字在当时有什么影响,但我知道这一年多的训练给了我自己绝大的好处。白话文从此成了我的一种工具。七八年之后,这件工具使我能够在中国文学革命的运动里做一个开路的工人。"[39]

六　古诗和脚气病有缘

胡适进入中国公学不到半年,患上了脚气病,只得住进家中在上海南市的瑞兴泰茶叶店里养病。闲来无事,胡适在家中随意找书乱翻,偶然读到清末桐城派吴汝纶编选的一套古文读本,其中第四册全是古诗歌。胡适在家乡时读过一本律诗,觉得索然寡味,但读了这本书中的几篇乐府歌辞和五七言古诗歌后,觉得非常新奇,他完全没有想到"诗歌原来是这样自由的,做诗原来不必先学对仗"[40],每日里总得读熟几首才肯罢休。他背熟的第一首古诗歌是《木兰辞》,接着是《饮马长城窟行》、《古诗十九首》,一路下去,直到陶潜、杜甫,他都喜欢。读完了吴汝纶选本,胡适仍意犹未尽,又在二哥的藏书中寻出了《陶渊明集》和《白香山诗选》,饱读一番。后来他自己又去买了一部《杜诗镜诠》来读。"这时代我专读古体歌行,不肯再读律诗;偶然也读一些五七言绝句。"[41]

脚气病稍微好转,胡适便回学堂了。回去时,他顺路去《竞业旬报》社看望编辑傅君剑。傅君剑却告诉他要回湖南去了。胡适便作了一首诗,送别傅君剑。这诗开端即言"我以何因缘,得交傅君剑",其后内容,胡适却是忘记了,但却清晰记得,傅君剑读后狠狠地夸奖了他一番。第二天,傅君剑还回赠了他一首"留别适之即和赠别之作",诗中言"天下英雄君与我,文章知己友兼师"。这番话在胡适这个"刚满十五岁的小孩子的眼里,这真是受宠若惊了"[42]!胡适生怕这诗句让人见了,被笑话去,赶紧把它藏匿起来。可是,这话却又极大地鼓励了他,"从此以后,我就发愤读诗,想要做个诗人了"[43]。于是,算学兴趣终被作诗的兴趣取代了。胡适不再窝在床上演算算学了,而是在上代数课时,先生在黑板上解高等代数的算式,他在底下翻看《诗韵合璧》;练习簿上写的也不是算式题,而是一首未完的记游诗。

丁未年(1907)三月,胡适和同学们一道游杭州,兴之所至,胡适便在西湖上写了一首绝句,并将诗拿给杨千里先生看,哪知先生看后大笑起来,说,一个字在"尤"韵,一个字在"萧"韵。先生提笔就替胡适改了两句,韵是协调了,但诗中的意思却全不是胡适的了。胡适从此记得"做诗要硬记诗韵,并且不妨牺牲诗的意思来迁就诗的韵脚"[44],自然胡适也就更不喜欢律诗了。

丁未年(1907)五月,胡适脚气病复发,这次他必须回家乡上庄村养病了。因为徽州人普遍认为,"徽州人在上海得了脚气病,必须赶紧回家乡,行到钱塘江的上游,脚肿便渐渐退了"[45]。这次回家养病,胡适足足住了两个多月。胡适在这段时间里诗兴大发,无论在家中还是在路上都有诗作吟出。胡适依然喜欢大白话诗,所以这时候他读了不少白居易的诗。写出的诗歌也是白派风格,如《秋日梦返故居》,晓畅明白,俨然白诗:

秋高风怒号,客子中怀乱。抚枕一太息,悠悠归里闾。
入门拜慈母,母方抚孙玩。齐儿见叔来,牙牙似相唤。
拜母复入室,诸嫂同炊爨。问答乃未已,举头日已旰。
方期长聚首,岂复疑梦幻? 年来历世故,遭际多忧患。
耿耿苦思家,听人讥斥鷃。[46]

后来,胡适脚气病好回到学校,常与同学们吟诗唱和,学校里便盛传胡适少年诗人之名。但胡适却是明白自己作诗短处的。他喜爱古诗歌,却不喜欢律诗,也不敢作律诗。因为他觉得讲究对仗、格律的律诗,对于没有学过对对子的他来说,是件很难的事。

偶然有一天,胡适大着胆子试作了一两首五言律诗给朋友,他自我感觉还不错,觉得没有想象那么难,从此便也常常作些五七言的律诗了。律诗作得多了,胡适发现,"这种体裁是似难而实易的把戏;不必有内容,不必有情绪,不必有意思,只要会变戏法,会搬运典故,会调音节,会对对子,就可以凑成一首律诗。这种体裁最宜于做没有内容的应酬诗,无论是殿廷上应酬皇帝,或寄宿舍里送别朋友,把头摇几摇,想出了中间两联,凑上一头一尾,就是一首诗了;如果是限韵或和韵的诗,只消从韵脚上去着想,那就更容易了"。胡适因此认为:"大概律诗的体裁和步韵的方法所以不能废除,正因为这都是最方便的戏法。"[47]

胡适于律诗中最喜欢杜甫的诗作。"我那时读杜甫的五言律诗最多,所以我做的五律颇受他的影响。"[48]对于自己作的七言律诗,胡适一首都不满意,后来他干脆不再写作七言律诗了。

胡适在提到诗歌与他的人生之路时说:"我在脚气病的几个月之中发现了一个新世界,同时也决定了我一生的命运。我从此走上了文学史学的路,后来几次想矫正回来,想走到自然科学的路上去,但兴趣已深,习惯已成,终无法挽回了。"[49]

七 包办婚姻

戊申年(1908)七月,母亲来信,催促胡适回乡完婚。母亲只得胡适一人,眼看儿子已成人,备感欣慰之际,又开始焦虑起儿子的婚姻大事。早在胡适离开家乡赴上海求学那年,她便给胡适定了一门亲,对象是旌德县白地江村的姑娘江冬秀。

说来,两家还有点亲戚关系,胡适的姑婆是江冬秀的舅母。有一年,江冬秀随母亲去舅母家走亲戚看神会,恰巧胡适也跟着母亲去了姑婆家。江母见胡适聪明伶俐,主动要求把女儿许配给胡适。但考虑到绩溪旧俗,男可大十,女不可大一,江冬秀正好大胡适一岁,又属虎,"八字硬",胡适母亲没有表态。可江母却安心要结这门亲事,又委托胡适的本家叔叔胡祥鉴先生做媒。

胡祥鉴的美言,最终打动了胡适母亲,同意排八字。经算命先生掐算,两人八字不冲不克。算命先生又将写有江冬秀八字的红纸叠好,与另外几个女孩的红纸"八字"一起,放进摆在灶神爷面前的竹筒里,然后拿起竹筒摇了几摇,用筷子拣出个"八字",拆开一看,正是江冬秀。于是,当时只有13岁的胡适,与14岁的江冬秀的终身大事,便由家母之命、媒妁之言、算命先生的掐算、灶神老爷的"赐缘"确定了。

胡适事母至孝,同意了这门亲事。但是,在上海求学多年,受到西方文化影响的胡适,对于爱情与婚姻,已然有了自己的看法,不想旧式的父母之命、媒妁之言绑架了自己的婚姻,可他又不愿公然忤逆母亲,令母亲伤心,便给母亲去了一封信,言"为儿婚事致劳大人焦烦,此事男去岁在里时,大人亦曾提及,彼时儿仅承认赶早一二年,并未承认于今年举行也。此事今年万不可行"[50],并向母亲力陈不可于近期完婚之缘由,一是毕业在即,若是请假,学分被扣,学业便会落于人后,"大人素知儿不甘居人下,奈何欲儿以此儿女私抑儿使居人后乎?"[51];二是家道中落,二哥正为之竭力经营,想要振兴家业,此时不适宜也无此财力来举办婚事。胡适的理由可谓字字在理,句句中肯,可他仍担心母亲为此落泪伤心,焦虑成疾,结尾处也不忘安慰母亲:"若大人因儿此举而伤心致疾,或积忧成病,则儿万死不足以蔽其辜矣。大人须知儿万不敢忘吾母也。"[52]

对于推迟完婚这件事,胡适后来回忆说:"我斩钉截铁地阻止了这件事,名义上是说求学要紧,其实是我知道家中没有余钱给我办婚事,我也没有钱养家。"

这时,胡适的家确实已经衰败不堪了。胡适一大家子生活用度,原是全靠二哥在上海的瑞兴泰茶叶店支撑。说起二哥,胡适是十分赞许的:"我的二哥是个有干才的人,他往来汉口上海两处,把这点小店业变来变去,又靠他的同学朋友把他们的积蓄寄存在他的店里,所以他能在几年之中合伙撑起一个规模较大的瑞兴泰茶叶店。"[53]但二哥后来迷上了一位窑姐,"性情变了,一个拘谨的人变成了放浪的人,他的费用变大了,精力又不能贯注到店事,店中所托的人又不很可靠,所以店业一年不如一年。后来我家的亏空太大了,上海的店业不能不让给债权人。当戊申的下半年,我家只剩汉口一所无利可图的酒栈(两仪栈)了"[54]。

家道中落,胡适甚至没钱住校,幸得《竞业旬报》收留,胡适才免于露宿街头。《竞业旬报》聘胡适当了编辑，不仅包吃包住，每编辑出版一期，还能得到十块编辑费。胡适干得十分卖力，他说："有时候全期的文字，从论说到新闻，差不多都是我做的。"[55]他独撑着《竞业旬报》的门面，不断在《竞业旬报》上发表时论。这样地卖力，自然和这包吃包住，外带十元稿酬，对他来说已算小康的条件有关系。他还想从这点钱里拿出一些来赡养母亲大人。

胡适给母亲去信后不久，便发表了一篇署名"铁儿"的《婚姻篇》文章，借机一抒胸臆，发表了自己对婚姻的认识："婚姻为人生极大问题，万不可忽略，但是据在下看来，我们中国人，未免把这婚姻一事看得太轻了。列位要晓得，这便是国危种弱的根苗，这便是强种救国的关键，在下万不敢不来直切痛快的说一番，使我们中国人大家留心留心。"[56]

胡适认为婚姻成败关系到国家的存亡。而导致中国人婚姻失败的罪魁祸首第一要数媒婆，胡适说："俗语说得好：'媒婆一张嘴，活的说得死'，你想这样的人的说话是可以信得的么？这种人那婚姻大事，岂可付托于她，岂可靠得住？然而我们中国那些为人父为人母的人，看那媒婆说一句，他便听一句，也不管这媒婆是人是鬼，可信不可信，你想做父母的人，如何可以把儿女的终身大事，付托这种小人？"胡适恨恨地痛斥："在我们安徽，这一种媒婆竟是把做媒当做一种专门行业做的，这一种人定是孤独或是贫苦无家可归，无饭可吃，全靠这一张嘴骗几餐酒肉，赚几个口孽钱来度日，所以这做媒一事，几几乎全是那一种下流泼妇的饭碗了。你想人家儿女的百年大事，却拿去给这种小人泼妇当一件买卖做。唉！这又是谁的罪过呵！"[57]

数落了媒婆，胡适又来怨爹娘，可算是背着母亲一吐胸臆，好好出了口心中恶气："做父母的，把儿女的终身大事，付托媒婆已经是随便极了，不料那做父母的，还要把儿女婚姻的责任付与一种瞎了眼睛五官不全的算命先生，开了八字年庚请他推算，合也不合？相克么？相冲么？于是那儿女的终身大事，遂决于这瞎子片言之下。……只可惜几千年来只出了几百个脓包皇帝混账官员,哪里懂得这种道理,纵容得这一班五官不全的瞎子无法无天的作起威福来了,甚至于到了如今竟然把那全国青年男女的婚姻大事,都敢操之一手了。你想放着好好的人不去请教,到要去问那种残疾的杀坯,这一种做父母的,还是专制呢?这是随便呢?唉!"[58]

胡适文中,没有了给母亲信中那番温和孝悌的语言,只有对中国旧婚姻的怒斥和痛骂。当然,胡适并非只会骂,他对婚姻有着自己的看法,他认为:"须要参酌中外婚姻制度,执乎其中,才可用得。"具体的方式,一是"父母主婚",二是"子女有权干预"[59]。胡适的"婚姻法"既要孝悌,又要革命。

9月,胡适又在《竞业旬报》第二六期上发表了《论家庭教育》一文,依然署名"铁儿"。他认为家庭教育最重要的就是母亲,要改良家庭教育,第一步便是广开女子学堂。一连两期谈到家庭伦理,看来对于母亲擅自做主的婚姻,胡适内心充满了矛盾和纠结。

八 被关进了巡捕房

暂时解决了生计问题,胡适安下心,继续求学。谁知,这时中国公学又出事了。"中国公学在最初的时代,纯然是一个共和国家,评议部为最高立法机关,执行部的干事即由公选产生出来。不幸这种共和制度实行了九个月(丙午二月至十一月),就修改了。"[60]学校擅自取消了具有民主倾向的评议部和执行部,又把一些热衷于这些事情的学生开除了。这样的做法,激起绝大部分同学的公愤。160多名学生选择了集体退学,另行推举干事组建新学校,名为"中国新公学"。

中国新公学在爱尔近路庆祥里新租了校舍,条件极差,学校餐厅的桌椅板凳、碗碟都不够用。但新公学的师生们并不在意,"大家都知道这是我们自己创立的学校,所以不但不叫苦,还要各自掏腰包,捐出钱来作学校的开办费。有些学生把绸衣,金表,都拿去当了钱来捐给学堂做开办费"[61]。

短短十天，新公学就筹备就绪，开课了。胡适虽不在开除之列，却选择了退学。当时新公学的教务干事李琴鹤君请胡适到他房里谈话，"要我担任低级各班的英文，每星期教课三十点钟，月薪八十元；但他声明，自家同学作教员，薪俸是不能全领的，总得欠着一部分"[62]。胡适考虑到家里的经济状况，便同意了。

中国新公学穷，时常连老师的薪资都发不全。但学校管理好，学生也努力，外地来的学生多愿意选择入读新公学，有的学生因为没赶上招考时期，宁愿在新公学附近租屋补习，也不愿去老公学报名。老公学意识到，只要新公学的招牌一天不去，老公学是一天不得安稳发展的。

两所学校主事者，考虑到各自需求，主张两校合并。经协商，1909年10月中国新公学接受中国公学的调停条件，新公学与中国公学合并。学生可以自愿回校。但胡适却是不愿意回去了，他说："'应有天涯感，无忘城下盟'两句确是当时的心理。合并之后，有许多同学都不肯回老公学去，也是为此。这一年的经验，为一个理想而奋斗，为一个团体而牺牲，为共同生命而合作，这些都在我们一百六十多人的精神上留下磨不去的影子。"[63]

新公学解散了，胡适拿着新公学解散后得到的两三百元补欠薪水，心中空空，两眼茫茫。偏屋漏又逢连夜雨，"在戊申己酉(1908—1909)两年之中，我的家事败坏到不可收拾的地步。己酉年，大哥和二哥回家，主张分析家产；我写信回家，说我现在已能自立了，不要家中的产业。其实家中本没有什么产业可分，分开时，兄弟们每人不过得着几亩田，半所屋而已"[64]。

此时，母亲又来信告知家中苦楚，胡适心中更觉痛苦不堪，事业未成，生计难酬，更觉无颜回家看望母亲，决定先暂居上海，赶紧找个能养家糊口的活儿做着。他给母亲回了封信，一面安慰母亲，一面也道出自己的处境："大人来谕言及债款、家用等情，儿自当赶紧筹寄。儿在此所苦出息甚微，校中又万分拮据，以至今年未寄一钱。

惟儿从不敢妄用一钱,致蹈浪费之弊,此则大人所能信儿者也。"[65]
胡适就这样落难了。

"少年人的理想主义受打击之后,反动往往是很激烈的。"[66]偏
在这个时候,胡适"又遇着一班浪漫的朋友,我就跟着他们堕落
了"[67]。整日里和这帮人吃喝玩乐,不出两个月时间,从打牌到喝
酒,从喝酒到叫局,从叫局到吃花酒,胡适全会了。

胡适同乡许怡荪"见我随着一班朋友发牢骚,学堕落,他常常规
劝我",但胡适却管不住自己心中的魔鬼了。虽然那时他已经谋得
了一份职业,在华童公学教低年级国文。但只要得空,他就和"这一
班玩的朋友是天天见面的,所以我那几个月之中真是在昏天黑地里
胡混。有时候,整夜的打牌;有时候,连日的大醉"[68]。直至有一天,
终于玩出乱子来了,胡适才幡然醒悟。

那一晚,下着瓢泼大雨。胡适和那帮朋友到一家"堂子"里喝
酒,一群人喝得醉醺醺的出来,还嚷嚷着要去"打茶围"。胡适醉眼
蒙眬中竟记得自己明天还要教书,便婉拒了朋友的邀请,自己叫了
一辆人力车回去。临走前,朋友们见他还能在一叠"局票"上写诗
歌,以为他没醉,也就放心地让他一个人回去了。

事实上,胡适那时已经醉了,写诗不过是他的下意识行为,事
后,他一点也记不起来,所以他上了人力车后就睡着了。

第二天天刚亮,胡适就醒来了。他环顾四周,甚觉奇怪,自己不
是睡在家里,而是睡在一间黑黑的房间里。房间没有门,前面亮光
处却有一排铁栅栏。胡适正惊疑不定间,外面有了响动,狄托狄托
的皮鞋声由远而近。不一会儿,一个中国巡捕出现在铁栅栏外。

胡适总算明白了,原来是到巡捕房了啊。只是自己怎么就被关
进巡捕房了呢? 胡适百思不得其解,便向栅栏外的巡捕打听,巡捕
说,他是因为昨晚喝醉酒,打伤了巡捕,半夜后送进来的。胡适想知
道什么时候可以出去,巡捕告诉他,现在还早,得等到8点后有人来
上班了才知道。

胡适这时候才发觉,自己一只脚上鞋没了,光着脚。身上的衣

服湿漉漉的,蹭了许多的污泥,身上还有破皮的疤痕。他疑惑,自己真和什么人打过架了?

8点以后,胡适被叫了出去,接受了问讯。昨晚与他打架的巡捕讲述了事情的来龙去脉。原来,昨晚12点时,胡适在海宁路上边走边拿着皮鞋敲墙。巡捕见他是个醉鬼,便打算带他回巡捕房,谁知胡适竟然拿起皮鞋就朝巡捕打去,巡捕便去抢胡适手中的鞋子,两人就在雨地里厮打起来。两人身上、脸上沾满了污泥,巡逻的灯也被摔坏了。最后,巡捕只得吹响哨子,叫来一辆空马车,在两个马车夫帮助下,才把胡适关进马车,带到了巡捕房。

后来,巡捕房做出判决,对胡适罚款五元,作为巡捕的养伤费和损坏灯具的赔偿费。胡适这才发现,自己的马褂、兜里的钱还有帽子,全没了。于是,他问巡捕自己那件缎子马褂哪里去了,巡捕却告诉他,那晚他根本就没穿马褂。胡适明白了,自己的马褂、兜里的钱还有帽子,估计全让人力车夫给拿走了。胡适想起自己在人力车上不省人事那一段,禁不住打了个哆嗦,倘若遇上个歹毒点的,怕是命都没了吧,现在身上的水湿和脸上的微伤怎能和那时刻的生命危险相比呢。胡适赶紧写信给暂住在他家中的一位朋友,请朋友带钱来交了罚款,才获得自由回家。

回家后,胡适赶紧换衣服,穿了一夜的湿棉袄,一解开,热气腾腾的。身上的热量早把湿漉漉的水烘成了热气。身上、脸上都是轻伤,可这湿气挺可怕的。胡适便让同住的一位四川医生开了几副除湿祛病的药,猛泄了几天,可后来手指和手腕上还是发了几处肿毒。

还好,这"乱子"不算大。胡适后来说:"幸而我们都没有钱,所以都只能玩一点穷开心的玩意儿:赌博到吃馆子为止,逛窑子到吃'镶边'的花酒或打一场合股份的牌为止。"[69]但这"乱子"总算是让胡适警醒了,他汗颜自己的荒唐与堕落,便决心要振作,遂断绝了和这些人的往来。

当天胡适自愧行为不检点,辱没了学校的名誉,便辞去了华童公学的职务。后来他还为此赋诗一首:"酒能销万虑,已分醉如泥。

烛泪流干后,更声断续时。醒来还苦忆,起坐一沉思。窗外东风峭,
星光淡欲垂。"[70]

九 考据癖先生的赏识

酒醉事件后,胡适如醍醐灌顶般迅速清醒了,尤其是想起远在
家乡,心心念念盼他读书成人的母亲,"那天我在镜子里看见我脸上
的伤痕,和浑身的泥湿,我忍不住叹一口气,想起'天生我材必有用'
的诗句,心里百分懊悔,觉得对不住我的慈母,——我那在家乡时时
刻刻悬念着我,期望着我的慈母!我没有掉一滴眼泪,但是我已经
过了一次精神上的大转机"[71]。恰好这时在北京的二哥给他来信,
告诉他:"六月京中举行留学美国之考试,被取者留在京中肄业馆预
备半年或一年,即行送至美国留学。"[72]

胡适二哥信中所言留学美国之考试,指第二批庚子赔款留学考
试。戊申年(1908),美国政府宣布将中国庚子赔款的一半用于资助
中国学生到美国留学。随后,两国政府草拟了派遣留美学生规程。
己酉年(1909)六月,游美学务处设立,清政府将北京史家胡同内的
皇室清华园拨给学务处,作为游美肄业馆的馆址。胡适觉得这是个
好机会,"且吾家家声衰微极矣,振兴之责惟在儿辈,而现在时势,科
举既停,上进之阶惟有出洋留学一途。且此次如果被取,则一切费
用皆由国家出之。闻官费甚宽,每年可节省二三百金,则出洋一事
于学问既有益,于家用又可无忧。岂非一举两得乎"[73],遂萌生了出
国留学的想法。

但现实的困境又令胡适有点退却。出国留学,一去就是三五
年,家中母亲谁来赡养?眼前自己又辞了工作,身无分文,哪里还有
余钱支付两个月备考期的生活开销和北上的旅费呢?

这天,胡适左右为难之际,同乡好友许怡荪来看望他。胡适向
他道出自己的烦恼,许怡荪当即鼓励胡适安心备考,至于经济上的
困难,他帮胡适想想办法。许怡荪的帮助与鼓励,胡适终生没有忘

记："己酉、庚戌两年我在上海做了许多无意识的事,后来一次大醉,几乎死了。那时幸有怡荪极力劝我应留美考试,又帮我筹款做路费。"[74]后来他又专门撰文纪念这位挚友,说"怡荪是一个最富于血性的人。他待人的诚恳,存心的忠厚,做事的认真,朋友中真不容易寻出第二个"[75]。这次留美考试,"除了他(许怡荪)自己之外,帮助我的有程乐亭的父亲松堂先生,和我的族叔祖节甫先生"[76],他们的相助,胡适一生铭记在心。

庚戌年(1910)六月,闭门苦读两月的胡适,在二哥的陪同下,乘船北上应考。途中,他给母亲写了一封信,告知母亲自己的想法与打算:"儿此举虽考取与否,成败尚不可知,然此策实最上之策,想大人亦必以为然也。儿此行如幸而被取则赶紧归至上海,搬取箱箧入京留馆肄业,年假无事当可归来一行。如不能被取,则仍回上海觅一事糊口,一面竭力预备以为明年再举之计。"[77]

兄弟俩到达北京后,蒙二哥好友杨景苏先生照顾,二人借住在新建中的女子师范学校校舍里。杨先生不吝赐教,指点胡适从《十三经注疏》上就开始用功。胡适后来回忆说:"我读汉儒的经学,是从这个时候起的。"[78]胡适在北京备考的这段时间非常刻苦,难得出去游玩,也"不曾看过一次戏"。

庚子赔款留美学生考试分两场,第一场考国文英文,及格者才有资格参加第二场考各种科学。胡适担心这次考试失败,惹来朋友学生笑话,便舍了"胡洪骍"这个本名,以"胡适"名应考。国文考试以"不以规矩不能成方圆说"为题,胡适觉得难以下笔,干脆写了一篇漫谈考据的短文,他开篇即言:"矩之作也,不可考矣。规之作也,其在周之末世乎?"[79]接下来又进一步论证规矩产生的时间和年代,说"《周髀算经》作圆之法足证其时尚不知道用规作圆;又孔子说'不逾矩',而不并举规矩,至墨子孟子始以规矩并用,足证规之晚出"[80]。谁知这篇"完全是一时异想天开的考据,不料那时看卷子的先生也有考据癖,大赏识这篇短文,批了一百分"[81]。国文考试,胡适旗开得胜,虽然后来英文只考了60分,但头场平均80分,取了第

10名。第二场考试,涉及西洋史、动物学、物理学等,这些学科胡适平时不大接触,他只好临时抱佛脚,恶补了一番。考试结果自然不是很满意。但,遇上一个有考据癖的先生的幸运,让胡适头场的分数占了大便宜。两场考下来,胡适列在第55名。而这次出洋留学的学生共取70名,胡适算是榜上有名,留学美国成真了。自此,胡洪骍就叫胡适了。

原本胡适以为,考取留美学生后需在游美肄业馆学习半年才能出国,谁知,这次招收的留学生,"八月内便须放洋"。胡适只得匆匆返回上海,筹备出国事宜,并写信告知母亲自己即将出国事,他以为"此次一别迟则五年,早亦三年,始可回国"[82],不想这一别,竟是留洋七年。倘若从1907年他回上庄养病离开后算起,胡适是整整十年以后才与母亲相见。

胡适赴美留学,"节甫叔祖许我每年遇必要时可以垫钱寄给我的母亲供家用。怡荪也答应帮忙"[83]。解了后顾之忧,胡适也就放心出国去了。临行前,二哥专程从东北赶到上海为胡适送行,并叮嘱胡适,去了美国,要选择铁路工程,矿冶工程一类的技术专业,既可振兴家业,又可为国家振兴实业。至于文学、哲学、政治一类毫无用处,不学也罢。胡适考虑到学农业不收费,可以节省一部分开支,补贴家用,便决定去美国学农业。

胡适出国留学时胸中并未怀什么大志,一个朴素而又切实际的行为,只是为了胡家的安定与兴旺而已,而且丰厚的留学资金还可以聊补家用。但是时代的浪潮却一浪浪地逐渐把他推到了风口浪尖。

第三章　留洋(1910—1917)

一　乡情浓于异国情

庚戌年(1910)八月十六日,胡适登上了去往美国的轮船。汽笛长鸣,轮船起航了,祖国与亲人在胡适眼中越来越小,渐渐变成了天际间的一个小黑点,胡适心中油然而生悲怆之感。远渡重洋的喜悦与激动,早已被祖国满身疮痍之痛与亲朋故友的离别之伤消解了,只余忧惧、伤心、怅惘……各种情绪交织心头,胡适情难自禁,吟出了两首《去国行》:

> 木叶去故枝,游子将远离。
>
> 故人与昆弟,送我江之湄。
>
> 执手一为别,惨怆不能辞。
>
> 从兹万里役,况复十年归!
>
> 金风正萧瑟,别泪沾客衣。
>
> 丈夫宜壮别,而我独何为?
>
> 扣舷一凝睇,一发是中原。
>
> 扬冠与汝别,征衫有泪痕。
>
> 高邱岂无女,狰狞百鬼蹲。
>
> 兰蕙日荒秽,群盗满国门。
>
> 褰裳渡重海,何地招汝魂!
>
> 挥泪重致词:祝汝长寿年![1]

两首诗,情调都是低沉的,离家去国,渺不可测的未来,都令胡适心情倍为沉重。望着浩渺无边的太平洋,胡适怅然而立。这时的胡适是困惑的,他并未抱有什么大志,或是要为什么远大理想去奋斗,冲着留学费用而去的他,不知道自己能从彼岸的西方文明中得到些什么。

十几天过去了,70个留学生也由陌生而渐渐熟悉起来。赵元任回忆起当年在船上的情景时说,胡适"健谈、爱辩论,自信心极强。当时大家都留着辫子,胡适讲话时喜欢把辫子用力一甩,生气的时候就说要把辫子拿掉……他的身体很瘦,看起来并不十分健康,可是精神十足,让人觉得他雄心万丈"[2]。胡适回忆起当时的自己则觉得是爱玩,不像别的同学那么安静:"我是一个爱玩的人,也吸纸烟,也爱喝柠檬水,也爱学打'五百'及'高,低,杰克'等等纸牌。在吸烟室里,我认得了宪生,常同他打'Shuffle Board';我又常同严约冲、张彭春、王鸿卓打纸牌。"[3]

途中,轮船经过日本的长崎、神户、横滨等地,都停泊过。爱玩的胡适也曾下船,登上码头游玩。不过,胡适不喜欢日本的城市,将之视为龌龊之地,以为这些地方远远不如中国的上海、天津。尤其是他看见那些日本人"多赤身裸体如野蛮人"之后,觉得这是一个未开化的民族,"此种岛夷,居然能骎骎称雄于世界,此岂〔非〕吾人之大耻哉"[4]!胡适百思不得其解之际,更是愤愤不平,其民族自尊心受到了莫大的刺激。

9月10日,轮船抵达旧金山,胡适与其他同往康奈尔大学的几个留学生于两日后乘火车东行,颠簸四日后抵达芝加哥,又一日到达了绮色佳。绮色佳依山傍水,风景秀美,宛如世外桃源。山上树木葱茏,雅秀幽逸;山下房舍林立,鳞次栉比。康奈尔大学的农学院就位于山上,胡适在这里度过了大学第一年。

胡适一行留学生抵达康奈尔后,就被学校安排散居在附近的美国家庭里。初来乍到,一切都是新鲜与新奇的,对异国秀丽的山水,胡适称赞不绝,却不喜欢美国的饮食,他去信告诉母亲:"美国烹调之法,殊不佳,各种肉食,皆枯淡无味,中国人皆不喜食之。"[5]美国饮食中,胡适稍微能够接受的吃法就是三明治,胡适以为它既省事,又省钱,又合口味。但它终究不如家乡菜好吃,一段时间后,胡适他们闻到美式饭菜的膻味和奶味就反胃。恰巧这时,房东老太太请了一个南美洲来的女厨子,而南美洲土著人的饮食习惯与中国相差无几,胡适他们几个留学生总算是尝到了久违的有点中国味的饭菜,个个心里乐滋滋的。胡适以为不会再吃西餐了。没想到,房东老太太忽然得了大病,一命呜呼。受欢迎的女厨子自然也离去了,痛苦的西餐又日日与他们相伴了。

饮食是胡适心中的痛,但课业却是胡适心头的爱。虽说学习农业是胡适无奈之举,完全是冲着不用交学费去的,但认真的胡适刚开始对这一专业还是很有兴趣的,他几乎求知若渴,见啥学啥,想把所有知识都装进他的大脑里。他认为"要读尽有用之书而通其意"。无论是东方国故,还是西方文化,他都一览无余。刚到美国没多久,他就买了一套《五尺丛书》,这套丛书是哈佛大学校长伊里鹗主编,收集了海量的古今名著,全套有五十册,长约五英尺,因此得名《五尺丛书》。胡适的勤奋,由此可见。他还找来了颜真卿的《元次山碑》的字帖,每天都要临帖。有人说要教他拉丁文,他又马上去买了一本拉丁文法的书。在这个西方文化的国度,胡适又是东又是西的一股脑儿地充实自己。

学习之余,胡适也爱去学校的健身房。康奈尔有体育学院,其中有种种健身器械,如杠子、木马、跳高、爬绳、云梯、赛跑、铁环、棍棒之类,皆为习体育之用。学校规定,学生一星期中有三天得参加体育锻炼。刚开始,瘦巴巴的胡适什么也不会,什么也做不好,常以此为耻,后经过竭力练习,三月以后,胡适竟能"赛跑十圈,爬绳至顶,云梯过尽,铁环亦能上去,棍棒能操四磅重者,舞动如飞",胡适后来写信告诉母亲,言:"如能照常习练,必可大见功效。现儿身体重 110 磅(脱去衣履时称得之重),每磅约中国十二两零。一年之后,必可至 150 磅矣。"

但是他乡虽好,终非故土。辛亥年(1911)正月十五,是胡适到美国后过的第一个元宵。"每逢佳节倍思亲",望他乡之秀丽山水,

胡适与江冬秀

胡适却生出"似吾国乡间,对之有故乡思焉"之感,益发想念故乡了。他在日记中言:"今日为吾国元夜(辛亥正月十五日)。吾人适于此时上第二学期第一日之课,回思祖国灯市之乐,颇为神往。"[6]

当春寒料峭时,他又念起了故乡:"回首故国新柳纤桃之景,令人益念吾祖国不已也。"[7]胡适也常于假日外出旅游,异国风情也给他带来了些许愉悦,但是在他心中"人言此地好,景物佳无伦。信美非吾土,我思王仲宣"[8]。

胡适的乡情益发浓烈。除了母亲,他也开始牵挂他的未婚妻——江冬秀。原本接受了新思想的胡适,是排斥这段包办婚姻的。可他留洋后,母亲信中常提及江冬秀,有一次,母亲还把她与江冬秀和一大家人的合影照寄给胡适。胡适看到照片后感慨万千并赋诗一首，其中言："图左立冬秀，朴素真吾妇。轩车来何迟，累君相待久。十载远行役，遂令此意负。归来会有期，与君老畦亩。"[9]原本是陌生的两人，却因母亲的撺掇，竟觉得渐渐熟悉起来，加之胡适又听母亲说，自他离家后，江冬秀常到他家，帮母亲操持家务，任劳任怨，对这个未婚妻竟是益发上心起来了。

胡适在美国过完第一个春节后，给江冬秀写了一封很温馨的信：

冬秀贤姊如见：

此吾第一次寄姊书也。屡得吾母书，俱言姊时来吾家，为吾母分任家事。闻之深感令堂及姊之盛意。出门游子，可以无内顾之忧矣。吾于十四岁时，曾见令堂一次，且同居数日，彼时似甚康健，今闻时时抱恙，远人闻之，殊以为念。近想已健旺如旧矣。前曾于吾母处，得见姊所作字，字迹亦娟好，可喜，惟似不甚能达意．想是不多读书之过。姊现尚有工夫读书否？甚愿有工夫时，能温习旧日所读之书。如来吾家时可取聪侄所读之书，温习一二。如有不能明白之处，即令侄辈为一一讲解。虽不能有大益，然终胜于不读书坐令荒疏也。姊以为何如？吾在此极平安，但颇思归耳。草此奉闻。即视无恙。

胡适手书　四月廿二日[10]

随着时光年轮的转动，寒往春来，胡适冰冻的心因为江冬秀不时千里迢迢吹来的暖风，完全融化了。有一次胡适病倒了，远在故乡的江冬秀闻悉，随即给胡适去了一封信。江冬秀大字不识几个，来信仅只言片语，又言不及义，但胡适读来却觉亲切可爱。他还为此写了一组诗，其中一首云："病中得他书，不满八行纸，全无要紧话，颇使我欢喜。"[11]其中另一首则检视了自己对这桩婚姻的态度，给自己找了一个妥协的理由，或者说，他看清楚了在这桩婚姻上他将得到什么："岂不爱自由？此意无人晓：情愿不自由，也是自由了。"[12]这时候江冬秀在他心里已经是："我不认得他，他不认得我，我总常念他，这是为什么？岂不因我们，分定长相亲，由分生情意，所以非路人？"[13]

渐渐地，胡适改变了对这桩包办婚姻的看法，江冬秀也就走进了胡适心里。胡适对于江冬秀竟有了几分自责了，他在日记中专门写下了自己对于与江冬秀这段姻缘的感受："冬秀长于余数月，与余订婚九年矣，人事卒卒，轩车之期，终未能践，冬秀时往来吾家，为吾母分任家事，吾母倚闾之思，因以少慰。《古诗十九首》云，'千里远结婚，悠悠隔山陂；思君令人老，轩车来何迟？伤彼兰蕙花，分英扬光辉；过时而不采，将随秋草萎。'吾每诵此诗，未尝不自责也。"[14]他在给母亲的信中，也袒露了自己对这桩婚姻的想法："女子能读书识字，固是好事。即不能，亦未必即是大缺陷。书中之学问，纸上之学问，不过人品百行之一，吾见有能读书作文而不能为令妻贤母者多矣。吾安敢妄为责备求全之念乎？伉俪而兼师友，固是人生莫大之幸福。然夫妇之间，真能智识平等者，虽在此邦，亦不多得，况在绝无女子教育之吾国乎？若儿悬'智识平等学问平等'八字，以为求耦之准则，则儿终身鳏居无疑矣。"[15]为了婚姻问题胡适曾与学校中的法学助教卜葛特先生专门聊过这个话题。胡适坦诚地说出了自己对婚姻的看法："实则择妇之道，除智识外，尚有多数问题，如身体之健康，容貌之不陋恶，性行之不乖戾，皆不可不注意，未可独重智识一方面也。智识上之伴侣，不可得之家庭，犹可得之于友朋。此吾所以不反对吾之婚事也。"[16]

留学期间，胡适渐渐地能接受江冬秀，也不是毫无条件的。他不断写信给江冬秀，要她读书学习，要她解放小脚，变大脚。胡适的要求，江冬秀都尽力地去做了。从后来江冬秀与胡适的合影中可以看出，江冬秀已经是一双大脚了。

胡适作为新文化运动的发起者，却能在万千新思潮冲击下，保有与江冬秀的旧式婚姻，白头偕老，在那个时代确属凤毛麟角。这其中既有胡适对母亲极孝顺的原因,也有母亲对这桩婚姻执着的原因,还有江冬秀不放弃,不断努力的原因。当然最重要的是胡适自己转变了对婚姻的观念,并对之有了新的认识。

二 选择苹果还是文学

康奈尔大学农科很著名,但当时美国社会中上层阶级的子弟都不愿意学习农科,选择这一专业的人大多是像胡适这样家境窘迫的人。康奈尔大学的农科教学方式很特别,注重实验,喜欢安排野外实习,胡适觉得非常有趣,他在日记中写道:"今日植物课为野外实习,踏枯树以渡溪,攀野藤而上坂,亦殊有趣。"[17] 胡适还记得有一堂植物课,课堂内容是讲"花",老师便在教师课桌上摆满了五颜六色的鲜花,绚丽夺目,像是要在教室里举行一场舞会。胡适看着那一簇簇堆积的鲜花很高兴,但令他蹙额的是,除了海棠花,其余那些艳丽缤纷、形态各异的花儿,他都叫不出名来。但这种教育方法给他留下了很深的印象。除了实验教学法,康奈尔还流行看电影上课,胡适觉得新奇之极,他把这类课称之为"看影戏"。有一次,他看了一部《花的生长》的纪录片后,感叹植物界真是妙不可言。

但是农科的生物课却是胡适不喜欢的。这类课上,为了试验动物脑部的作用,常常会捉几只青蛙做试验品,有的去头,有的去眼,观察这些失去了不同部位的青蛙有什么表现和变化,这样血腥的场面常让胡适瞠目结舌,胆战心惊。

农科要学习农学知识,还得学怎么干农活。胡适学习的第一门农活,是给马洗澡。当时,学院试验系老师通知他去系上报道,胡适去了。老师就问胡适有无农场经验,胡适却答自己不是种田的,又言自己是来学习的,请老师教他。于是老师便问他洗过马没有,胡适老老实实地回答,中国种田,用牛不用马。老师仍要求胡适洗马,他自己洗一半,胡适洗一半,随后又要求胡适学习给马加笼辔,再就是驾着马车跑一圈。

很快,胡适对农学的兴趣就被消耗殆尽了,尤其是经历了苹果事件的冲击后,胡适终于下定决心转系。"我在1910年进康乃尔大学时,原是学农科的。但是在康大附设的纽约州立农学院学了三个学期之后,我作了重大牺牲,决定转入该校的文理学院,改习文科。后来我在国内向青年学生讲演时便时常提到我改行的原因,并特别提及'果树学'(Pomology)那门课。这门课是专门研究果树的培育方法。这在当时的纽约州简直便是一门专门培育苹果树的课程。"[18]平常吃起来香甜,看起来惹人爱的苹果成了胡适眼中麻烦的东西。

果树学的实习课是一门实践操作课,要求学生把分得的苹果进行测量分类并做好记录。课堂上,老师给学生每人分得三十个或者三十多个苹果。学生们必须根据一本培育学指南上所列举的项目,把这一堆苹果分门别类地区分开来。有些苹果要按茎的长短来区分,有些苹果要按果脐的大小来区分,有些苹果又要按苹果上的棱角和圆形的特征来区分,还有些苹果要按果皮的颜色来区分,甚至还要把苹果切开,测出果肉的韧度和尝试苹果的酸甜,等等。

胡适和几个中国学生对着一堆苹果傻了眼。但是这种精挑细选的活儿,美国学生们做起来轻车熟路,好像他们对一个个苹果早已认识,又好像摆弄自己熟悉的玩意儿一样,只需翻开索引或指南,得心应手、轻轻松松就把三十几个苹果分好类,并将它们的学名填满了表格,前后花去的时间也就二三十分钟,实验在游戏中就做完了。临走时,他们还不忘偷偷拣上几个苹果,藏进大衣口袋里,一溜烟地从实验室里扬长而去。教室里只剩下胡适几个中国学生在那里愁眉苦脸、摸不着头脑地瞎糊弄。当他们忙乎完了,表格也填好了,结果还是错误百出,成绩自然是令他们汗颜。

苹果实习课后,胡适常常责问自己,这样辛苦地学农,是否已经铸成大错?因为在胡适看来,凭自己年轻和非常好的记忆力,考试前夕,临时抱一下佛脚,还是可以勉强分类这些头痛的苹果和应付考试的。但是之后不出三天——至多一周,这一大堆的苹果便又从脑海中消失了。何况,学这些知识又有何用,在中国,上哪儿去找这么多品种的苹果?胡适越想越觉得自己违背个人兴趣勉强学农,实在是浪费,甚至愚蠢。"那些苹果我国烟台也没有,青岛也没有,安徽也没有……我认为科学的农业无用了,于是决定改行,那时正是民国元年,国内正在革命的时候,也许学别的东西更有好处。"[19]

胡适自小就偏爱思想与哲学方面的知识,这一直是他心中的梦想。"中国古代哲学的基本著作,及比较近代的宋明诸儒的论述,我在幼年时,差不多都已读过。我对这些学科的基本兴趣,也就是我个人的文化背景。"[20]农科学习的不顺,令他更偏爱自己擅长的领域,想方设法地寻着机会学习。

康奈尔大学规定,只要规定的18小时必修科的成绩平均在80分以上,就可以随兴趣去选修两小时额外的课程。胡适为了这两小时的选修机会,竭尽心力使学科成绩达到学校的要求后,便开始不务正业,在文学院选了一门克雷敦教授所开的"哲学史"。在胡适人生路上,这位达人的指引,更坚定了胡适朝着自己理想的方向奔去的信念:"克君不长于口才,但他对教学的认真,以及他在思想史里对各时代、各家各派的客观研究,给我一个极深的印象。他这一教导,使我对研究哲学——尤其是中国哲学——的兴趣,为之复苏!"[21]

远在祖国辽宁任职的二哥绍之不知从何处得知胡适"身在曹营心在汉",便连续不断地写信规劝胡适:"农学最为中国通用之学,盖南方虽有人满之患,然北方如东三省、内外蒙古、新疆伊犁等处,地旷人稀,以面积计,十分未垦其三……吾弟将来学成归国,大有可为。惟须从事于大农之学,若沾沾于一艺一事之长,无济也。至森林之学,亦为切要,能兼习之,尤为合宜。"[22]胡适敬爱二哥,凡事也常听二哥意见。但这次,胡适却是不愿意放弃自己弃农学文的坚定信念了,祖国发生了重大的政治变故,几百年的清政府终于倒掉了,胡适对于政治哲学的激情也被强烈激起了。

辛亥年(1911)十月十二日,胡适在学校里得知,武昌革命军起事了,守城的清政府官吏弃城而逃,新军内应,武昌被党人占据。武昌起义的当天,胡适正在大洋彼岸上地质学课的野外实习课。武昌起义之后,胡适一直关注着国内事态的发展,每天都要在日记中写下事态的重大发展变化。于是让胡适决定改行的另一个原因应运而生:"使我改行的另一原因便是辛亥革命;打倒满清,建立民国。中国当时既然是亚洲唯一的一个共和国,美国各地的社区和人民对这一新兴的中国政府发生了浓厚的兴趣。"[23]胡适对政治的热衷在这件事情上得到了释放,让他有机会去思考一些政治上的问题。

这两个原因,并不是促使胡适转系的全部原因。还有一个原因,就是胡适从小就痴迷的文学,一直缠绕着他。胡适即使到了美国,仍坚持不间断地学习中国的文化与文学。胡适曾在信中告诉母亲:"家中诸侄辈现作何种事业,儿以为诸侄年幼,其最要之事乃是本国文字,国文乃人生万不可少之物,若吾家子弟并此亦不之知,则真吾家之大耻矣。"[24]胡适认为,国文乃立身之本,是人一生当中必不可少之物。如果不明白这一点,那完全是奇耻大辱,令家族蒙羞之事。

胡适在康乃尔农学院读一年级的时候,英文是必须要学习的科目,每周的课程十分繁重。但是胡适居然还要选修两门外国语——德文和法文。必修科英文的学习,让胡适对英国文学有了深入的了解,并且有了浓厚的兴趣。他不仅阅读古典著作,还练习文学习作和会话。而德文、法文的学习,又让他了解和熟悉了德国和法国的文学。胡适回忆说:"我那两年的德语训练,也使我对歌德(Goethe)、雪莱(Schiller)、海涅(Heine)和莱辛(Lessing)诸大家的诗歌亦稍有涉猎。因而我对文学的兴趣——尤其是对英国文学的兴趣,使我继续选读必修科以外的文学课程。"[25]胡适对英、法、德三国文学兴趣的成长,又勾起他对中国文学一直挥之不去的更浓烈的兴趣。胡适称这是促成他从农科改向文科的第三个基本原因。

胡适如此痴迷思想文学艺术,视为与生命同在。现代科技农人之路在他那里只有终结了。胡适既然选择了奔向自己喜欢的目标和方向，接下来他将接受的是生活的考验和磨砺。

三　没有讲台依靠的演讲

　　美国大学各类社会活动盛行，胡适对这些活动兴趣颇高，也乐于参加。他刚进康奈尔大学不久，便参加了一次夜宴。他在日记中写道："入校办注册事，访 Dr. Gould。今年吾国新年适逢大考，未得一日之休暇，今诸事大定，此间同人于今夜会宴于 Alhambra。是夜有中西音乐，程君之幻术，蔡李两君之演说，极一时之盛。"[26]此后不久，他又在二月十五日的日记中写道："夜赴 K. A. 会夜宴，主人为 Mr. Watson。来宾有休曼校长（President Schurman）及会员。席上有歌诗，有演说。既撤筵，乃聚于客室，谈笑为乐，极欢而散。无忘威尔逊教授之讲演！"[27]三天后，二月十八日，胡适又参加了一次学生会活动："夜有学生会，余适值日，须演说，即以《虚字》为题，此余第一次以英文演说也。"[28]四天后，二月二十二日，胡适再次参加了一个欢迎会："夜赴青年会欢迎会，中西学生到者约五六十人，是夜有中西音乐及演说，颇极一时之盛。"[29]

　　胡适外向活跃，热衷于学校活动，与他在澄衷学堂的经历不无关系。胡适回忆说，他刚到上海时，"吾久处妇人社会，故十三岁出门乃怯惺如妇人女子，见人辄面红耳赤，一揖而外不敢出一言，有问则答一二言而已。吾入澄衷学堂以后，始稍稍得朋友之乐。居澄衷之第二年，已敢结会演说，是为投身社会之始，及入中国公学，同学多老成人，来自川、陕、粤、桂诸省，其经历思想都已成熟，余于世故人情所有经验皆得于是，前此少时所受妇人之影响，至是脱除几尽"[30]。多年的社会历练，磨砺了胡适的锋芒与锐气，这时的胡适，性格与少小之时截然不同，已褪去儿时的稚气羞怯，变得敢说敢言了。

　　各类学校活动，胡适最喜欢的还是演讲。胡适是个闲不住的人，偶尔无事可做，他反而觉得局促不安，浑身不自在："写字二张，读狄更氏《双城记》。平日已习于学，今假中一无所事，反觉心身无着落处，较之日日埋头读书尤难过也。大雪深尺许。"[31]因此，但凡是演讲会，无论规模大小，胡适总会参加。有一次，他和朋友聊天，说到演讲一事，两人都觉得身为中国人用中文演讲，远比用英文演讲重要得多，胡适遂兴起了组织中文演讲会的念头。说做就做，胡适立即着手筹备事宜，他邀约了三四个有演讲兴趣的同学，组织了一个专门以中文演讲的"演说会"，又与这些同学共同商议，拟定了"演说会"的条条款款。

胡适(1914 年)

在胡适的热情张罗下，康奈尔大学的中文"演说会"第一次演讲会正式登场，胡适发表了一篇题为《演说之重要》的演讲，虽然这天到会者仅七八个人，但大家兴致都颇高，每位发言者结束演讲后，与会者还会善意地提出意见和建议。胡适的演说，鼻音比较重，与会者也向他指出了这一瑕疵。胡适非常感激，表示一定要努力改掉这一坏毛病。不久，中文"演说会"第二次举行，胡适被选为主席。在胡适的热心促成下，"演说会"办得很活跃，还不定时举行各种辩论会，声望日盛，参与者也渐渐多起来。

胡适的演讲，大至社会时事，小至个人问题，他都有论及，甚至自己读书后的一些思考也成为他演讲的内容。有一次演讲会，胡适论述了自己的世界观："吾今年正月曾演说吾之世界观念，以为今日之世界主义，非复如古代 Cynics and Stoics 哲学家所持之说，彼等不特知有世界而不知有国家，甚至深恶国家之说，其所期望在于为世界之人(A citizen of the world)，而不认为某国之人。今人所持之世界主义则大异于是。今日稍有知识之人莫不知爱其国。故吾之世界观念之界说曰：'世界主义者，爱国主义而柔之以人道主义者也。'

顷读邓耐生（Tennyson）诗至'Hands All Round'篇有句云：'That man's the best cosmopolite, Who loves his native country best.'（彼爱其祖国最挚者，乃真世界公民也。）深喜其言与吾暗合。故识之。"[32]胡适把今人的世界观念，与古人的世界观念进行对比分析，认为爱国与爱世界同样重要，唯有真挚爱国之人，才会爱世界。

也许是自小定亲的缘故，婚姻这个话题，也是胡适长期思考的问题。他曾经对中国旧式包办婚姻极其排斥，将其批评得体无完肤，但是在西方文化的窠臼中，他却又渐渐发现了中国传统婚姻体制的优势，并不遗余力地在演讲中比较中西婚姻观，论述自己对婚姻的观点。胡适反对中国传统婚姻没有爱情这一说法，认为中国旧式婚姻的爱情由名分所造，男女双方订婚后，女子自然对未婚夫生出了特殊的柔情。一旦两人结婚，夫妻双方都知道有相爱的义务，想象中的爱情，便成为实际生活中的需要。因此中国的夫妻往往能够互相体恤，互相体贴，求得相爱。

然而，胡适虽然频繁参加各类演讲会，但他对自己的演讲却缺乏信心，总觉得自己没有经过专门的训练，演讲技巧有待加强。为此，胡适选修了一门演讲培训课，由艾沃里特（Everett）教授进行专业的教导。胡适非常喜欢这门选修课，认为这是一门极有趣味的课程。但没想到的是，第一堂课，胡适就怯场了。

那是七月的一天，烈日炎炎，胡适和许多爱好演讲的同学聚集在一个教室里，开始了平生第一堂演讲课。当艾沃里特教授提出请几位同学上台演讲时，胡适就觉得紧张，生怕自己被选中。很不巧，艾沃里特教授选中了他。胡适心更慌了，战战兢兢地走上讲台。站在演讲台上的他，只觉得浑身冷飕飕的，颤抖不已。幸好演讲台上摆放着讲台，胡适就像找到靠山一样，两手扶着讲台，心情稍微平静了一点，他才想起自己的演讲稿，又是一阵手忙脚乱，演讲稿找到了，但是手离开了讲台，胡适的心又慌乱起来，浑身上下也像筛糠一般，抖个不停。艾沃里特教授眼见胡适状态如此欠佳，便要求胡适先退了下来，请其他同学先来。最后，胡适再次上场时，艾沃里特教授叫人把讲台撤走了。胡适站在空荡荡的演讲台上,两手没了依靠,脑子又惦记着演讲的内容,反而镇定下来,顺利完成了这次平生最出糗的演讲。从此以后,胡适"便开始了我后来有训练的讲演生涯"[33]。

胡适对于演讲狠下了一番功夫。他在阅读时看到一篇关于演讲的文章,就把他觉得有用的部分摘录下来,仔细揣摩体会:"演说的规则:一、先要知道'演说术'(oratory)已不合时宜了;二、先把你要说的话——想好;三、把事实陈述完了,就坐下来;四、不要插入不相干的笑话;五、不要管手势声音等等;六、个个字要清楚;七、演说之前不要吃太饱,最好喝杯茶,或小睡;八、小有成功,不可自满;当时时更求进步。此一则见杂志,记演说之道,甚合吾平日所阅历,附记于此。"[34]

有一次,胡适逛书市时,见到一幅格言:"If you can't say it out loud, keep your mouth shut."(如果不敢高声言之,则不如闭口勿言也。)他很有感触,认为这和中国孔子的"知之为知之,不知为不知,是知也"是一个道理,于是便把它买回来,张挂在住处,并把它作为自己论学和演讲的准则,时时以此来警醒自己做人、行文和演讲。日积月累,胡适对于如何做好演讲深有体会,他说:"演说者,广义的谈话也。得一题,先集资料,次条理之,次融会贯通之,次以明白易晓之言抒达之:经此一番陶冶,此题真成吾所有矣。"[35]胡适的演讲广受好评,在康奈尔的名气也越来越大。这时,一位姓蔡的同学找上了他。蔡同学是一位擅长英文演讲的演说家,名头响亮,很多人请他去做演讲,蔡同学应接不暇,便请胡适代他参加几个演讲会,其内容主要是讲解中国革命和共和政府。胡适本有些胆怯,因为英文演讲不是他的强项,但蔡同学却对胡适深具信心,直言他听过胡适的演讲,认为胡适是个可造之材。胡适便答应了。胡适后来回忆说:"这几次讲演,对我真是极好的训练。蔡君此约,也替我职业上开辟了一个新的方向,使我成为一个英语演说家。"[36]

胡适醉心于演讲,他的演讲版图也越来越辽阔,东至波士顿,西及俄亥俄州的哥伦布城,都留下了他演讲的足迹。胡适很为自己在康奈尔时代的演讲经历自豪,他曾说:"这个区域对当时在美国留学的一个外国学生来说是相当辽阔的了。为着讲演,我还要时常缺课。但是我乐此不疲,这一兴趣对我真是历四五十年而不衰。"[37]

然而"乐此不疲"也给他的留学生活带来了麻烦。在美国留学的第五个年头(1915 年),胡适在研究院读书的第二年,他的奖学金被停止了。学校明确地告诉他,因为他在讲演上荒时废业太多,所以学校决定取消他的奖学金。胡适竟不以为然,骄傲地说:"这些讲演对我虽然因为要充分准备而荒时废业,但我从无懊悔之意。"[38]

演讲,在胡适一生中可谓不计其数。胡适正是通过这一次次的演讲实战,提高了语言明晰畅达的表达能力,促进了思维的敏捷与清晰,为他未来成为新文化运动中的摇旗呐喊者奠定了坚实基础。

四 聆听耶稣教诲的异端者

美国是个新型国家,又是一个移民国家,有着来自世界各地的人口,这也造就了美国多元的文化色彩。但由于殖民的原因,受基督教文化影响深厚的欧洲移民占据了美国人口的大多数,因此从一开始基督教文化就在美国占据了主流的地位。胡适到了美国后,就像一个浸泡在水中的泳者,生活在一个以信奉基督教为生命价值取向的环境中,也就不可避免地参加了几次学校的宗教聚会。

胡适参加的第一次聚会,与会者大多是宗教信奉者,他们都对中国宗教很感兴趣,很想知晓一些中国宗教的情况,胡适从小生活在一个宗教氛围浓厚的环境中,也算是中国宗教的了解者。他便为到会的学生们讲述了中国的宗教状况,以及中国儒释道三教的源流。这时的胡适没有想到,当年他好不容易从中国宗教文化的包围圈中冲杀出来,现在,在一个西方宗教文化为主流的国度,他却面临是跟着上帝走,还是像尼采一样宣称上帝已经死去的抉择。

有一天,大洋彼岸的祖国传来消息,胡适的一位好友去世了,生命的倏忽与价值让他困惑,给他的心灵蒙上了一层阴影,胡适终日闷闷不乐,情绪极度低落。"自是以后,日益无聊,又兼课毕终日无事,每一静坐,辄念人生如是,亦复何乐?"[39]恰恰在胡适最需要心灵慰藉的时候,耶稣来到胡适身边,它就像一根救命稻草,令黑暗中的胡适看到了光明。

那天,胡适的朋友陈绍唐,为了安慰他苦楚的心,便用耶稣信徒的教义来开导他。两个人花了下午整整三个小时的时间来聊耶稣。陈绍唐生动耐心的讲解,让胡适阴沉的心渐渐开朗,耶稣的形象也在胡适脑海中逐渐清晰高大起来。这天晚上,恰巧遇上中国基督教学生联合会组织的暑期集会,耶稣的信徒们聚集在山间一座低矮的小屋。六月的天气已经很炎热了,可是在这风景幽秀的高山上,却有凉意阵阵袭来。大家从室外捡了一些枯枝落叶点着了炉火,围着炉火坐了一圈。当晚的聚会中,一位名叫 Mercer 的教徒与大家分享了他的人生经历。Mercer 出生于一个富裕而有教养的家庭,父亲是位富有的律师,和美国总统还攀得上点亲戚关系。然而 Mercer 在上大学时,沾染了种种恶习,堕落度日。父亲痛心疾首,狠心把他逐出家门。Mercer 从此飘零四方,过着极度贫困的流浪生活。时日一久,他难以忍受,便想以死来了结自己的痛苦,纵身投入冰凉的河流。幸运的是,水上巡警救起了他,并把他送到了耶稣教的一间善堂。教会里的人规劝他听从耶稣的教诲,洗涤人生的苦难。从此他蜕变前行,一心向善。后来,他的事迹被一家报纸登载,远在千里之外的父亲碰巧看到了这张报纸,知道儿子已经洗心革面,重新做人,便前去寻他。父子相见,双双抱头痛哭,涕泪俱下。Mercer 说到此处,眼泛泪光,声音哽咽,四下里也是一片嘘唏抽泣之声,胡适也不禁为之感动落泪,并当即表示愿意成为耶稣的信徒。

山中聚会,深深打动了胡适,他的心一点点被感化,萌生了信教的想法,他在信中告诉友人:"适连日聆诸名人演说,又观旧日友人受耶教感化,其变化气质之功,真令人可惊。适亦有奉行耶氏之意,现尚未能真正奉行,惟日读 Bible,冀确所得耳。"[40]

然而,事情最终却发生了截然不同的变化。这次集会,不知道是有人揭了演说者老底的原因,还是胡适事后前思后想,渐渐醒悟到这种感激涕零的演讲,只是宗教的一个"把戏"而已,当胡适明白过来后,对于耶稣,他虔诚的心思动摇了,乃至一生都是一个宗教的异端。他是这样评价这段经历的:"在我的日记里,以及后来和朋友通信的函札上,我就说我几乎做了基督徒。可是后来又在相同的情绪下,我又反悔了。直至今日我仍然是个未经感化的异端。但是在我的日记里我却小心的记录下这一段经验,算是我青年时代一部分经验的记录。"[41]

耶稣没能让胡适成为信徒。但是却为胡适打开了另一扇窗,使得他深入了解了美国人的宗教文化生活。胡适后来回忆说:"这种经验导致我与一些基督教领袖们发生直接的接触,并了解基督教家庭的生活方式,乃至一般美国人民和那些我所尊敬的师长们的私生活,特别是康福教授对我的教导,使我能更深入地了解和爱好圣经的真义。"[42]他曾经在朋友的邀约下,参加了一对新人在教堂举行的婚礼,西式婚礼的庄严与肃穆,给予他心灵有力的撞击。他也认真研读了圣经,说:"对新约中的《四福音书》中至少有三篇我甚为欣赏;我也欢喜《使徒行传》和圣保罗一部分的书信。我一直欣赏圣经里所启发的知识。"[43]

通过对《圣经》的阅读,胡适对犹太人也有了新的认识,他非常钦佩犹太人,还与许多犹太人成了朋友。胡适说:"我和一些犹太人也相处得很亲密。犹太朋友中包括教授和学生。首先是康乃尔,后来又在哥伦比亚,我对犹太人治学的本领和排除万难、力争上游的精神,印象极深。"[44]在《圣经》的影响下,胡适胸襟益发开阔,不再拘泥于狭隘的民族主义,他赞同"大同主义",喜欢摘抄西方著名哲人关于世界大同的名言,如:"亚里斯提卜说过智者的祖国就是世界。""当有人问及他是何国之人时,第欧根尼回答道:'我是世界之公民。'""苏格拉底说他既不是一个雅典人,也不是一个希腊人,只不过是一个世界公民。""我的祖国是世界,我的宗教是行善。"[45]但是,认同世界大同的胡适,依然保有了强烈的民族自尊意识和对祖国文化刻骨的爱。

《圣经》对胡适的影响是深远的。后来,胡适留美回国,在北京大学任教期间,为了研究地方方言,开始收集用各种方言翻译的中文圣经。经过不懈的积累,胡适所收集的方言版中文《圣经》竟有了相当可观的数量。在中国圣经学会为庆祝该会成立50周年而举办的"中文《圣经》版本展览会"中,胡适的收藏,竟然高居第二位。胡适戏称:"这个位居第二的圣经收藏,居然是属于我这个未经上帝感化的异端胡适之!"[46]不过是一次与宗教文化的偶然接触,胡适却从中找到了一条研究中国方言的途径。

聆听过耶稣的教诲,在基督宗教的汪洋中游弋过后,胡适湿淋淋地爬上来,登上彼岸的高崖,眺望汪洋,他是如此淡定地向人们宣称:"宇宙及其中万物的运行变迁皆是自然的,——自己如此的,——正用不着什么超自然的主宰或造物者。""个人——'小我'——是要死灭的,而人类——'大我'——是不死的,不朽的;叫人知道'为全种万世而生活'就是宗教,就是最高的宗教。而那些替个人谋死后的'天堂''净土'的宗教,乃是自私自利的宗教。"[47]灵魂的历练终须经过一些事,一些劫难,方能铸就一颗崇高的心灵。

五　大角野牛像襟章

民主与政治,始终是胡适关注的焦点。除却这点政治激情,初到美国的胡适,对美国的政治体制可谓一窍不通,他回忆说:"当我于1910年初到美国的时候,我对美国的政治组织、政党、总统选举团,和整个选举的系统,可说一无所知。对美国宪法的真义和政府结构,也全属茫然。"[48]但是,随着时间的流逝,胡适对美国政治的认识日渐清晰,也深深被这个国家的民主精神所吸引,他在日记中写道:"昨日读美国独立檄文,细细读之,觉一字一句皆扪之有稜,且处处为民请命,义正词严,真千古至文。吾国陈、骆何足语此!读林肯

Gettysburg 演说,此亦至文也。"[49]胡适甚至从美国人民在美国独立纪念日这一天中欢天喜地,四处张灯结彩,燃放炫目烟花的行为中,深切感受到了美国人民在获得自由后的惬意的心情和舒畅的生活。他在日记里中言:"今日为美国独立纪念日,夜八时至湖上观此间庆祝会。士女来游者无算,公园中百戏俱陈,小儿女燃花爆为乐。既而焰火作矣,五光十色,备极精巧。九时半始归。"[50]

研究美国政治的同时,胡适更不忘关注国内时局,热切盼望着中国也能走上民主与法制的道路。当中国历史上第一个真正意义上的共和政权诞生时,胡适对新政权充满了希望:"祖国风云,一日千里,世界第一大共和国已呱呱堕地矣!去国游子翘企西望,雀跃鼓舞,何能自已耶!"[51]1912 年新年伊始,中华民国建立。胡适也在这一年放弃做一个农人科学家,转入康奈尔大学文学院,转学和思想社会打交道的哲学、政治和文学。

胡适刚进入康奈尔大学文学院,恰逢学校聘请了一位新教授,开始了一门有关美国政治与政党发展史的课程。此人叫山姆·奥兹(Samuel P. Orth),原是克利弗兰市一位革新派律师,也是克利弗兰市和俄亥俄州革新运动的重要领导分子。他谙熟历史,对美国历任政治领袖以及各个政党创始人的传记与传奇,可谓是了如指掌。胡适十分敬仰这位教授,并给予他很高的评价:"我一直认为奥兹教授是我生平所遇到的最好的教授之一;讲授美国政府和政党的专题,他实是最好的老师。"[52]

奥兹教授的第一堂课就给胡适留下了深刻的记忆。1912 年,适逢美国大选。奥兹教授要求学生每人都要订阅三份报纸,一份是支持参选人威尔逊的《纽约时报》,一份是支持托虎托的《纽约论坛报》,一份是支持罗斯福的《纽约晚报》,时间为三个月。这段时间的报纸,学生必须每条新闻都要读,尤其要细读有关大选的消息,做好摘要,然后根据摘要写一份报告。他向学生明确指出,报纸是本课的必需参考书,报告是课务作业,提醒学生要全力以赴,认真对待。同时,奥兹教授还要求学生把美国联邦各州竞选时,但凡有关违法乱纪事迹进行比较研究,作为期终作业交给他。同时,奥兹教授还教导学生如何参与大选:"看三份报,注视大选的经过。同时认定一个候选人作你自己支持的对象。这样你就注视你自己的总统候选人的得失,会使你对选举更为兴奋!"[53]并要求学生积极参与绮色佳城一带举行的每一次政治集会。

于是,胡适遵循奥兹的教导,选择了进步党罗斯福作为支持对象,他胸前佩戴标志着支持罗斯福的大角野牛象襟章,投身到政治集会中。

有一天,罗斯福来到绮色佳,这是他在一次政治集会上演讲遇刺后第一次公开面对公众。"前二日,美国前总统罗斯福至Milwaukee演说,下车时万众欢迎之。忽有人以枪轰击之,中胁,穿重裳而入。有人搏刺客不令再发。罗君受弹,亦不改容。时万众汹涌,将得刺客而甘心焉。罗君即麾止之,驱车至会所,演说六十五分钟,然后解裳令医诊视,其镇静雄毅之态,真令人敬爱。罗君体魄极强,故能支持。弹已入骨,不易取出,至今三日,尚未取出也。"[54]罗斯福这次出席在绮色佳举行的集会,体内仍留有子弹。他临危不乱,即使中弹也面不改色、坚持演讲的行为,令胡适大为钦佩。康奈尔大学的许多教授都参加了这次集会。最令胡适惊讶的却是,主持这次集会的主席,竟是康奈尔大学史密斯大楼的管楼工人。胡适非常感慨:"这座大楼是康大各系和艺术学院的办公中心! 这种由一位工友所主持的大会的民主精神,实在令我神往之至。"他说:"这次大会也是我所参加过的毕生难忘的政治集会之一。"[55]

后来,胡适又参加了由他的老师克雷敦(J. E. Creighton)教授代表民主党、康大法学院长亥斯(Alfred Hayes)教授代表进步党的一次辩论会。教授直接参与国家大政,给胡适留下了深刻的印象,也深远地影响了他以后一生的生活。

受各种集会影响,胡适突发奇想,策划了一次"游戏投票"。参加投票的人一共53人,其中有12个国家的留学生。支持进步党罗斯福的有13人,支持民主党威尔逊的有34人,支持共和党塔夫脱的有 4 人。他还特别留意了中国留学生的投票情况,有 6 人投罗斯福,7 人投威尔逊。而美国人,支持罗斯福的只有 1 人,支持威尔逊的多达 10 人。政治敏感度极高的胡适通过对各个国家留学生投票情况的分析,得出了这样的结论:"吾国人所择 Wilson 与 Roosevelt 势力略相等,皆急进派也,而无人举 Taft 者。又举社会党者人二人,皆吾国人也;此则极端之急进派,又可想人心之趋向也。"[56]一个小小的选举游戏,却让胡适大概了解了本国留学生对政治的关注程度及政治的取向。

选举当天,绮色佳镇上的两家报馆用一种电光影灯把联邦各州的选举结果投射到粉墙上,人们纷纷聚集在粉墙下,胡适也参与其中,密切关注着选举结果。每一次选举报告出来,下面民众是欢声雷动。不久,所有的选举报告都出来了,威尔逊占据了绝对优势,票数超出其他候选人甚多。支持威尔逊的人们欣喜若狂,载歌载舞,欢庆胜利。夜已经很深了,民众渐渐散去,虽然最终的结果要明天才能最后揭晓,但是已经没有什么悬念了。

威尔逊当选了,支持威尔逊的克雷敦教授非常激动。有一天,胡适正与伦理学的索莱教授在谈话时,教授克雷敦闯了进来,他快步走到索莱教授身边,旁若无人地握着索莱教授的手,激动地说:"威尔逊当选了! 威尔逊当选了!"胡适也被这二人激动而喜悦的心情所感动,泪盈满眶。胡适此时的心情是复杂的,他既为胜利者喝彩,也为自己的偶像沮丧,更为民主而感动,为人人享有自豪的尊严而激动。

四年后,胡适又一次积极参与了美国大选活动。这时胡适的政治观念也发生了改变,曾经让他景仰的罗斯福,在他心中已渐渐暗淡,威尔逊的形象却高大起来。这一切的改变皆源于他对威尔逊的逐渐理解。胡适分析了罗斯福与威尔逊两人的政治观点:"罗斯福先生在匹兹堡演说:政府要监督和指导国民事务。威尔逊先生在斐城演说:政府应为国民创设条件,使之自由生活。"[57]他认为"威尔逊与罗斯福二氏本月演说大旨,寥寥之言,实今日言自由政治者之大枢纽,不可不察。威尔逊氏所持以为政府之职在于破除自由之阻力,令国民人人皆得自由生活,此威尔逊所谓'新自由'者是也。罗氏则欲以政府为国民之监督,维持左右之,如保赤子。二者之中,吾从威氏"[58]。

这时的胡适,民主观念已更加明晰,他觉得"威氏不独为政治家,实今日一大文豪,亦一大理想家也。其人能以哲学理想为政治之根本,虽身入政界,而事事持正,尊重人道,以为'理想'与'实行'初非二事,故人多以为迂。其实威氏之为伟人,正在此处,正在其能不随流俗为转移耳"[59]。所以这次大选,他选择了支持威尔逊,并佩戴了支持威尔逊的襟章。

这一年大选投票的高潮,胡适又和几位中国同学去纽约时报广场看大选结果。不幸的是,这一次刚开始公布的结果似乎对威尔逊不利。胡适非常失望地离开喧闹的选民聚集地,扫兴地返回了学校。当他第二天清晨在报纸上看到"威尔逊可能险胜!"的消息后,心中非常欢喜,早上吃早餐的心情也特别好。事实是威尔逊确实仅以微弱的优势险胜,再次当选总统。

胡适如此关心异国他乡的政治活动,可以说是醉翁之意不在酒。胡适是这样袒露他的心扉的:"此种阅历,可养成一种留心公益事业之习惯,今人身居一地,乃视其地之利害得失若不相关,则其人他日归国,岂遽尔便能热心于其一乡一邑之利害得失乎?"[60]爱国才是胡适如此执着异国他乡的政治活动的原因所在。所以他总结说:"我对美国政治的兴趣和我对美国政制的研究,以及我学生时代所目睹的两次美国大选,对我后来对〔中国〕政治和政府的关心,都有着决定性的影响。"[61]

六　短头发的韦莲司

1914年6月,胡适大学毕业,随即升入研究院学习。四年大学生活,胡适谨遵母亲教导,很少与女同学来往,写家信也不忘江冬秀,不时请母亲转告她一两句话。这时的他,牢记着婚约,开始慢慢地接受江冬秀。然而,江冬秀之于胡适,没有风月,无关爱情,更多的是责任。所以,当爱情降临时,胡适无法抵御,终是恋上了一名异国女子。

在康奈尔大学读书期间,胡适与亨利·韦莲司教授毗邻而居。教授一家十分关照胡适这个异乡人,时常邀请他参加家庭聚会。6月 18 日,胡适受邀参加一个婚礼派对,遇见了教授的小女儿,从纽约回来探望父母的燕嫡兹·韦莲司(Edith Clifford Williams)。两人一见如故,相谈甚欢。此后,他俩流连的足迹遍布绮色佳的山山水水,而韦莲司高洁的人品、丰富的学识更令胡适大为赞叹,称"其人极能思想,读书甚多,高洁几近狂狷,虽生富家而不事服饰"[62]。

韦莲司喜画,并深受现代艺术影响,是一位特立独行的新女性。她虽出生富裕之家,却不修边幅,可以数年不丢弃旧衣,一顶草帽早已破损不堪,却仍然戴之如故。有一天,她因为觉得长发麻烦,竟把自己一头长发剪短,仅留两三寸左右,其母亲与姐姐是保守之人,见之大为吃惊,并斥责其行为,以为过于前卫,韦莲司虽苦恼母亲与姐姐的不了解,却仍我行我素,不改其初衷。韦莲司的行为虽不讨母亲与姐姐喜欢,却甚合胡适心意,胡适赞其"昔约翰弥尔有言,今人鲜敢为狂狷之行者,此真今世隐患也",将韦莲司之狂视为一种美德,韦莲司听后甚是欢喜,言"若有意为狂,其狂亦不足取"。

韦莲司

韦莲司行为狂狷,思想也不落于俗,胡适认为,"余所见女子多矣,其真能具思想、识力、魄力、热诚于一身者,惟一人耳",并深受韦莲司深刻、新颖的思想所感染。两人聊天的话题无所不包,大到文化、政治、战争、国际形势等问题,小到中国的书法、美术等艺术问题,二人均有论及。韦莲司还不时将西方优秀著作推荐给胡适。因为韦莲司,胡适对女子的看法也发生了改变,言"吾自识吾友韦女士以来……今始知女子教育之最上目的乃在造成一种能自由能独立之女子。国有能自由独立之女子,然后可以增进其国人之道德,高尚其人格。盖女子有一种感化力,善用可以振衰起懦,可以化民成俗,爱国者不可不知所以保存发扬之,不可不知所以因势利用之"[63]。

几个月后,韦莲司返回纽约继续学业。临行前,心思细腻的韦莲司送给了胡适几张她从纽约公寓窗口拍的柳树照片,只因胡适告诉他中国古人分别时喜欢"折柳赠别"。韦莲司走后一周,胡适看着窗前凋零的柳树,深感怅惘,叹息没能摘下真正的柳枝,回赠韦莲司的心意。分离后的胡适与韦莲司开始了频繁的书信往来,胡适告诉韦莲司:"也许你不知道,在我们交往中,我一直是一个受益者。你的谈话总是刺激我认真地思考……我相信思想上的互相启发才是一种最有价值的友谊。"渐渐地,共同的思想爱好拉近了他们的心,异样的情愫开始在二人心中滋长。

第二年初,胡适因参加康奈尔大学布朗宁征文获奖,受到哈佛大学邀请去赴波士顿参加"布朗宁知音会"。借此机会,胡适演讲结束后,即赴纽约探望韦莲司。当时韦莲司住在面临赫贞河的黑文路92号公寓,胡适便去了那里,并打电话邀请当时在哥伦比亚大学念书的张彭春到韦莲司家一聚,三人久别重逢,畅谈至深夜方才散去。彼时,美国民风保守,男女青年若是自由约会,须得在家中客厅。倘若外出或是居室里,必须得有一位已婚朋友作陪。因此,当韦莲司母亲听闻胡适在韦莲司居处待至很晚才离开时,她非常生气,专门去信狠狠责骂了韦莲司一通。虽然韦莲司母亲在日常生活中对胡适关爱有加,但她却不能容忍女儿与一位有婚姻的异教徒谈恋爱。但是,不流于俗的韦莲司丝毫不觉此举有何不妥,仍然我行我素,她还告诉胡适,男女之间的交流与交往,应该挣脱性的吸引,追求心灵的交会。而这种心灵交会的火花,才是男女交往的最高目的。

1915 年 9 月，胡适转入纽约哥伦比亚大学哲学系学习。他与韦莲司的交往更为密切。二人时常出双入对，流连于纽约各大艺术展馆、博物馆。虽然，对于西方现代艺术，胡适是一头雾水，自认为"吾于此道为门外汉，不知所以言之"[64]。但是，爱屋及乌，胡适还是很喜欢参观各类画展。他曾连续两次参观了由纽约独立美术家协会举办的美术作品展览会。画展共展出作品 2000 余件，仅售出 36 件，其中也包括韦莲司的绘画作品。可见，韦莲司的艺术作品还是很受欢迎的。胡适认为"吾友韦莲司女士（Miss Clifford Williams）所作画，自辟一蹊径，其志在直写心中之情感，而不假寻常人物山水画为寄意之具，此在今日为新派美术之一种实地试验"[65]。这时的美国，人们已渐渐接受了抽象的绘画艺术形式。这种靠色彩、线条等元素来表述思想与心理深层次内涵的艺术形式开始风靡美国，抽象绘画的几位大师，康定斯基、蒙德里安、杜尚等已相当具有影响力。虽然美国在现代艺术的初始阶段并不具有影响力，但自"军械库展览会"后，美国在现代艺术上的影响力是越来越大。

现代艺术的这种实验精神，与当时的社会思想潮流、当时的哲学精神密切相关。胡适非常中肯地说出了自己对现代艺术的认识："吾两次往观之，虽不能深得其意味，但觉其中'空气'皆含有'实地试验'之精神。其所造作或未必多有永久之价值者，然此'试验'之精神大足令人起舞也。"[66]

随着交往的密切，通信的频繁，胡适深深为韦莲司的学识、思想所倾倒，爱慕之情难以自控，他甚至萌发了要与韦莲司共度一生的念头。可是，想到故乡的未婚妻江冬秀，还有心心念念盼他回家完婚的母亲，胡适的心益发沉重，但他又不愿就此放弃，便在家书中屡屡提及韦莲司，言"韦夫人之次女为儿好友……儿在此邦所认识之女友以此君为相得最深。女士思想深沉，心地慈祥，见识高尚，儿得其教益不少"。关于江冬秀，他则只字不提。然而，母亲在回复胡适的信中，根本不提韦莲司此人，排斥之意很明显。

胡适很难过，他不愿违逆母亲，却又舍不下心中所爱，感情上极

韦莲司自画像(1904 年)

度苦闷彷徨。他也对韦莲司谈及自己的婚约,并把江冬秀的照片拿给韦莲司看。韦莲司也觉得失望,这样一个足不出户的小脚女子,又如何能匹配得上思想见识与众不同的胡适呢?可是,她也很无奈,即使对胡适有着深深的倾慕,她也不愿意违背父母。

　　胡适与韦莲司过从甚密,韦莲司父母也不甚高兴。当时美国种族歧视严重,华人地位比黑奴还低贱,韦莲司父母视女儿如掌上明珠,绝不愿意女儿与华人结婚,加之胡适本有婚约在身,韦莲司父母就更不答应这门婚事了。不久以后,两人都明白了,双方父母与江冬秀是横亘在两人中间的大山,他们永远也无法翻越。于是,二人决定放弃这段感情,将之升华为真挚的友情。

　　韦莲司最终没有和胡适比翼双飞,但两个人在心灵上却始终相爱,两人的情谊在绵亘的时间长河中延续了 50 年,韦莲司也为他终生未嫁。两人爱的折磨几近于精神的历练。后来韦莲司在与胡适的信中,曾提到两人的一次独处,韦莲司受着心灵和肉体上的痛苦折磨,却没有越过雷池半步,被后世传为佳话。

七　讲话极慢的杜威

1915 年 9 月,胡适转入哥伦比亚大学哲学系研究部,师从杜威,专攻哲学。哥伦比亚大学是个创造人类精英的摇篮,时至今日,哥伦比亚大学已有 87 人获得过诺贝尔奖,有 3 人曾当选美国总统。

胡适入读哥伦比亚大学哲学部,是他哲学思想的一次抉择。康乃尔大学哲学系推崇"新唯心主义",认为人的思维是脱离或先于物质世界而独立存在的实在之物,他们甚至将人的思维进一步神化、偶像化,以至于"新唯心主义"的一些分支沦为神秘主义的创世说和宗教信仰主义。精神崇拜与偶像追求成为"新唯心主义"分支的重要组成内容,由此使得"新唯心主义"与宗教产生密切的联系,"新唯心主义"的一些分支成为宗教的一种精细形式,宗教则成了"新唯心主义"的一种理想形式。

由于以杜威为代表的"实验主义"强调观念必须经过实验的运用、检验、证明,才能在实践中解决实际问题,才是"有价值的观念",这种观点与康奈尔大学推崇的"新唯心主义"恰好背道而驰,杜威成了康奈尔大学"新唯心主义"学派批评的焦点。"康奈尔的塞基派的哲学动不动就批评'实验主义'。他们在讨论班上总要找出一位重要的对象来批评。杜威便是被他们经常提出的批判对象。皮尔士和詹姆士在他们看来简直是自郐以下,不值一驳。不过他们虽然和杜威唱反调,但他们对杜威却十分敬重。"[67]胡适从两个思想流派的争论中看到了美国思想流派间"百家争鸣"的良好学术氛围。于是,胡适"在聆听这些批杜的讨论和为着参加康大批杜的讨论而潜心阅读些杜派之书以后,我对杜威和杜派哲学渐渐的发生了兴趣,因而我尽可能多读实验主义的书籍"[68]。1915 年暑假,胡适利用闲暇,对实验主义作了一番系统的研究和学习之后,更加敬仰杜威。胡适认为"可能也是因为他是那些实验主义大师之中,对宗教的看法是比较最理性化的了",而胡适"本人就是缺少这种'信仰的意志'的众生之一;所以我对杜威的多谈科学少谈宗教的更接近'机具主义'(In-strumentalism)的思想方式比较有兴趣"[69]。于是,他决定到哥伦比亚大学学习,聆听杜威的教诲。

哥伦比亚大学在美国的学术声望颇高,并以招外国留学生,为第三世界国家培养官僚与学阀出名。当时,中国在哥大的留学生就有 300 多人,其中除了胡适,还有宋子文、张奚若、孙科、蒋梦麟等,这些人学成归国后,都成了中国政界和学界赫赫有名的人物。

胡适(左二)与陶行知(右一)等人合影(1917 年)

胡适崇拜的杜威,是位和蔼可亲的教授。但第一次听杜威的课,胡适就备感吃力。因为杜威不是一个讲起话来头头是道,巧言令色的善辩者,他说得很慢,几乎是一个字一个字地说,从他口中蹦出的每一个词,无论是动词、形容词还是介词,他都要经过思索,觉得最恰当准确了,才会慢慢讲出来。学生大都觉得他的课枯燥乏味,毫无乐趣。胡适冲着杜威而去,选了他两门课,虽然也觉得他讲得太慢,却仍硬着头皮听了几个星期。这时,他才体会到杜威讲得慢的好处,认为杜威用字选词严肃慎重,并对杜威的讲课方式大加推崇,也更加钦佩杜威的哲学智慧:"从杜威教授处我懂得了人生最神圣的责任便是尽力思想得好。思想得不好;对事物的前因后果想得不够严密精确；接受现成的和未经分析的概念作为思考的前提；无意识地使个人因素影响所思考的问题；或没有对一个人的想法加以实际检验，都是理智上的不负责任。一切最伟大的真理的发现，历史上所有最严重的灾难的降临都有赖于此。"[70]

胡适非常赞同杜威"思想为一种艺术，为一种技术"的哲学思想，认为杜威在《思维术》(*How to Think*)和《实验逻辑论文集》(*Essays in Experimental Logic*)中制出的这项技术，不仅可以指导实验科学等自然科学领域，甚至也适用于历史人文批评等哲学社会科学领域。"我察出不但于实验科学上的发明为然，即于历史科学上最佳的探讨，内容的详定，文字的改造，及高等的批评等也是如此。在这种种境域内，曾由同是这个技术而得到最佳的结果。这个技术主体上是具有大胆提出假设，加上诚恳留意于制裁与证实。这个实验的思想技术，堪当创造的智力(creative intelligence)这个名称，因其在运用想像机智以寻求证据，做成实验上，和在自思想有成就的结实所发出满意的结果上，实实在在是有创造性的。"[71]

胡适在杜威的指导下，学会了思想的方法："杜威先生教我怎样思想，教我处处顾到当前的问题，教我把一切学说理想都看作待证的假设，教我处处顾到思想的结果……使我明了科学方法的性质与功用。"[72]这些方法深远地影响了胡适一生。胡适如是说杜威给他带来的影响："从此以后，实验主义成了我的生活和思想的一个向导，成了我自己的哲学基础。"[73]后来，胡适鼓吹文学革命，提倡白话文，着手国故整理，研究中国思想史和哲学史，以及政治和生活等方方面面，都不自觉地受到杜威实用主义的影响。胡适说，杜威是对他"有终身影响的学者"，对他一生的文化生命"有决定性的影响"。

杜威

胡适在杜威教授那里取得真经,但是这真经在他念诵起来,却是东方的味道。胡适虽然受西学影响很深,但他的根却始终深扎在东方文化的土壤里,开的花结的果自然也是东方味十足。不过胡适不这么认为:"我总是一直承认我对一切科学研究法则中所共有的重要程序的理解,是得力于杜威的教导。事实上治学方法,东西双方原是一致的。双方之所以有其基本上相同之点,就是因为彼此都是从人类的常识出发的。"[74]胡适在中西文化中绕了一大圈,最终发现了东西方文化中共通的东西。

八 去国万里为淑世

胡适当年赴美留学,不过是想摆脱当时窘迫的生活状况,重振胡家。然而,他在美国待得久了,学习目的与态度便发生了变化。当他看到同来的留学生匆匆习得一些西方文化便仓促回国时,胡适不以为,认为"余素主张吾国学子不宜速归,宜多求高等学问。盖吾辈去国万里,所志不在温饱,而在淑世。淑世之学,不厌深也。矧今兹沧海横流,即归亦何补? 不如暂留修业继学之为愈也"[75]。

因为有了这份"淑世"的梦想,胡适熬住了留学生活的艰难困苦。夏天,酷热难耐,蚊虫肆虐,胡适忍住了;冬天,冰冻大地,寒冷无比,胡适挺住了。手中缺钱了,他便卖文为生:"昨夜寻思非卖文不能赡家,拟于明日起著《德文汉诂》一书,虽为贫而作,然自信不致误人也。"[76]有一次,胡适参加了康奈尔大学的举办的"布朗宁奖赏征文"活动,竟获得了50美元的奖学金,这令当时囊中羞涩的他高兴不已。生活的磨砺,令胡适渐渐领悟了做人的真谛,走向他人生的一个拐点。

1912年元旦初始,中国历史上第一个共和政权中华民国诞生了。但是融入国民血液中几千年的封建余毒相当浓厚,形式上的民主政体,依然风雨飘摇。然而,社会前进的步伐是任何力量也不能阻挡的,随着新型政治体制的深入人心,封建政治即使回光返照,也如昙花一现，民主政体最终在形式上牢牢站稳了脚跟。伴随新政体而来的新文化的建立就成为人们关注的焦点。尤其像胡适这样留学海外的莘莘学子，他们自小接受旧文化的熏陶，又深受西方现代文化领域的新思潮的影响，如何让中国古老文化与新社会相适合，重新焕发青春，成了他们关注的焦点。胡适曾言："梦想作大事业，人或笑之，以为无益。其实不然。天下多少事业，皆起于一二人之梦想。今日大患，在于无梦想之人耳。"[77]随着祖国新社会体制的建立，如何建立新文化成为胡适心中日渐萌生的梦想。

客观地说，中国的新文化运动并不是在中国本土萌芽的，而是在几个留学美国的有志青年关于中国字的去留以及白话诗等问题的争论中，拉开了中国新文化运动的序幕。

发起这项运动的肇始者不是胡适，而是胡适很不喜欢的基督教徒钟文鳌。此人当时负责给官费留学生发放留学经费，常爱利用职务之便，在每月寄给留学生费用的信中夹带些社会改革宣传资料。有一次，钟文鳌给胡适寄经费，又在信中谈及中文改革的问题，说，中国如果要普及教育，就必须用字母。

胡适是传统文化的捍卫者，虽然留美期间他孜孜不倦地吸收西方文化精髓，但是他对中国传统文化的学习从没有松懈过。他曾用四五个月的时间来研读《左传》，后读《诗经》，又认为，诗是"本乎天性，发乎情之不容已"的天趣之作，而汉代儒生随意寻章摘句，解读《诗经》，让千古至文，尽成糟粕。他决意要推翻古人对《诗经》的解读："故余读《诗》，推翻毛传，唾弃郑笺，土苴孔疏，一以己意为造《今笺新注》。自信此笺果成，当令《三百篇》放大光明，永永不朽，非自夸也。"[78]痴迷传统文化的胡适，甚至还用英文做了一个关于中国"虚字"的演讲。他对传统文化的执着与喜爱，由此可见一斑。

因此，当他看到钟文鳌发出去掉中国字，以字母替之的改革倡议，他当即给钟文鳌回寄了一封信，提出了自己对于汉文改革的观点。这时的胡适是保守的，他说："无论吾国语能否变为字母之语，当此字母制未成之先，今之文言，终不可废置，以其为仅有之各省交通之媒介物也,以其为仅有之教育授受之具也。"[79]胡适认为汉文改革的重点只是如何教学的问题。于是,胡适结合自己小时候读书习字的经验,对汉文的学习提出了四个他认为行之有效的方法:一是老师要讲书,二是要学习字源学,三是要学习文法,四是要学会使用标点符号。其中最有意义的应该是标点符号的应用,因为过去汉文是不用标点符号的,误读则是司空见惯的事情了。胡适也是这样认为的:"吾国向不用文字符号,致文字不易普及;而文法之不讲,亦未始不由于此。今当力求采用一种规定之符号,以求文法之明显易解,及意义之确定不易。"[80]这时候的胡适已经认识到,古文是半死的文字,白话才是活文字。

钟文鳌废除汉字的呼吁,使得胡适开始认真审视中国文化的革命问题。由于当时的现代艺术蓬勃发展,其创新求变的超凡脱俗的精神深深吸引和感染了胡适。胡适意识到,求新求变是世界文化潮流发展的趋势。研读中国历代传统文化,他发现所谓文学革命自古有之,从诗经到骚,从五言到七言的变迁,由词到曲,由曲到剧本皆是文学革命。胡适认为,中国的"文学革命,至元代而登峰造极。其时,词也,曲也,剧本也,小说也,皆第一流之文学,而皆以俚语为之。其时吾国真可谓有一种'活文学'出世"[81]。他进而提出:"我也知道光有白话算不得新文学,我也知道新文学必须有新思想和新精神。但是我认定了:无论如何,死文字决不能产生活文学。若要造一种活的文学,必须有活的工具。那已产生的白话小说词曲,都可证明白话是最配做中国活文学的工具的。"[82]于是,胡适提出只有有了新工具,新思想和新精神才有与之相符的载体。这个观点与现代艺术的精髓异曲同工,每一个现代艺术的流派都必须找到与之精神相适应的艺术表现形式或者说语言形式,才能表达出它内在的精神所在。胡适认为,中国文化中的白话就是承载现代思想现代精神的唯一且必要的新工具。

胡适提倡白话的观点,渐渐为他的反对者所接受。但是,胡适又激进地提出用白话作诗,这招来了更大的攻击。对于朋友间的这种争执,胡适是高兴的,甚至认为这是帮了他的大忙:"若没有那一班朋友和我讨论,若没有那一日一邮片,三日一长函的朋友切磋的乐趣,我自己的文学主张决不会经过那几层大变化,决不会渐渐结晶成一个有系统的方案,决不会慢慢的寻出一条光明的大路来。"[83]正是在与朋友的争执中,胡适提出了"文学革命"的口号。

通过与朋友们争执讨论,胡适把他散漫的思想汇集起来,成了一个系统。1916 年的一天,胡适写信给朋友朱经农,在信中总结了新文学的八个要点。同年 10 月,胡适又写信给陈独秀,在信中同样提出新文学八个"文学革命"的条件。之后,不到一个月的时间,胡适便写下了《文学改良刍议》,他用复写纸抄了两份,一份给《留美学生季刊》发表,一份寄给陈独秀在《新青年》上发表。文学革命的八个条件是:"(一)须言之有物。(二)不摹仿古人。(三)须讲求文法。(四)不作无病之呻吟。(五)务去烂调套语。(六)不用典。(七)不讲对仗。(八)不避俗字俗语。"[84]

这时,在国内的陈独秀认为中国要政治革命,首先要思想革命,于是创办了《新青年》。陈独秀在《新青年》上传播新思想,把革命国人的思想,作为《新青年》的重任。于是当陈独秀通过朋友认识胡适之后,两个人在文学革命的问题上一拍即合。陈独秀、胡适利用《新青年》这块新思想的革命阵地,在中国大地上掀起了新文学革命风潮。由于陈独秀思想更加激进,他在看过胡适《文学改良刍议》之后,便在《新青年》二卷五号上,正式在国内张出"文学革命"这面大旗。陈独秀大张旗鼓地宣称:"文学革命之气运,酝酿已非一日。其首举义旗之急先锋则为吾友胡适。余甘冒全国学究之敌,高张'文学革命军'之大旗,以为吾友之声援。""此后文学革命的运动就从美国几个留学生的课余讨论,变成国内文人学者的讨论了。"[85]

胡适能在风云变幻的世界中找到自己的位子,并且有天将降大任于斯人的使命感,能为中国新文化奠定第一块基石,这是他自己勤奋的文化积淀的结果,也是时代所赋予的结果。

第四章　厚积(1917—1927)

一　北大乍起的清风

1917 年 6 月,胡适结束七年留学生活,启程回国。这时的胡适已非吴下阿蒙,其大名已经在国内传扬开来。他还未归国前,国内众多大学就向他抛出了橄榄枝。胡适很开心,写信告诉母亲:"儿迩来甚思归,此后当力图早归之计。惟此时国中纷乱如麻,归亦何用,当待少承平时再定行止耳。昨日得南京友人来书,言南京高等师范学校校长江易园先生欲招儿往该校教授,儿已以不能即归辞之。大约儿归国后当可觅一唉饭养家之处耳。去年四川高等师范学校欲得一英文教习,寄书此邦某君,言欲得'中西文兼长如胡适者',某君举以相告,儿为大笑。"[1]胡适相信,在这政治动荡,时局惊悚的时候,糊口是不成问题的。

事实也的确如此。就在胡适决意回国时,他接到陈独秀邀请他到北京大学任教的信函,这更增强了他回国的决心。临行前,他向自己尊崇的恩师杜威辞行。杜威嘱托胡适如果有关于远东时局的文章,就寄来美国,将为他寻找最好的发表地方。随后,他又去了绮色佳,看望韦莲司女士,两人依依不舍,几多缱绻。

1917 年 7 月 5 日,胡适乘坐的回国船只在日本横滨港停泊时,胡适听闻国内传来张勋复辟的消息。胡适认为,张勋复辟成不了气候,只是会战乱不断,致使中国失去很好的建设机会,自己施展抱负的机会也会受挫,他感叹:"世界将不能待我矣。"但是途中还是有令胡适振奋的事情。胡适在东京与友人相见后,又购得才出版的《新青年》第三卷第三号,这本《新青年》登载了胡适的《历史的文学观念论》、陈独秀的《旧思想与国体问题》,还有极力赞同胡适文学革命论的刘半农的《我之文学改良观》一文。胡适读后,非常赞赏,言"其中虽多无关紧要之投书,然大可为此报能引起国人之思想兴趣之证也"[2]。这期《新青年》令胡适看到了希望。

7月10日,胡适结束长途跋涉,抵达上海。因为要等待陈独秀来上海与他商谈北大任教事宜,胡适在上海盘桓了些时日。闲来无事,他便跑去逛书肆,考察上海出版界的情况。胡适是学哲学的,自然先寻哲学方面的书籍。令他失望的是,好不容易找到一部《中国哲学史》,却尽是陈旧的东西;一部《韩非子精华》,经过删减,竟成了"韩非子糟粕";莎士比亚的剧本居然被译成了聊斋体的叙事古文。胡适逛了一天,得出了一个结论:"总而言之,上海的出版界,——中国的出版界——这七年来简直没有两三部以上可看的书!不但高等学问的书一部都没有,就是要找一部轮船上火车上消遣的书,也找不出!"[3]面对中国这种苍白的文化现象,他不无感叹地说:"如今的中国人,肚子饿了,还有些施粥的厂把粥给他们吃。只是那些脑子叫饿的人可真没有东西吃了。难道可以把些《九尾龟》、《十尾龟》来充饥吗?"[4]胡适以为,中国迫切需要一场新文学运动,改变这种苍白无力的文化现状。他更坚定自己所看准的路,认为文学革命势在必行。

9月10日,胡适从绩溪赴北京,接受了北大校长蔡元培签认的聘书。9月21日,北大开学,胡适作了《大学与中国高等学问之关系》的演讲,开设了英国文学、英文修辞学、中国古代哲学三门课,开始致力于实现"淑世"理想。

北京大学前身为京师大学堂,清末的戊戌维新运动虽然惨烈失败了,但却诞生了一个京师大学堂,尽管当时名不副实,但毕竟还是在形式上建立起来了。袁世凯执政时期,教育部下令,改京师大学堂为北京大学,严复任校长。1916年9月,黎元洪政府致电当时正在法国的蔡元培,请他回国任北京大学校长,蔡元培以为,就任北大校长,可以传播革命思想,以教育救国,欣然同意。

蔡元培上任后,三顾茅庐,聘请陈独秀担任北京大学文科学长。陈独秀欣然答应,并不忘远在异邦,与他神交已久的胡适,向蔡元培力荐胡适,并去信促胡适尽快回国到北大任职:"蔡孑民先生已接北京总长之任,力约弟为文科学长,弟荐足下以代,此时无人,弟暂充乏,孑民先生盼足下早日回国,即不愿任学长,校中哲学、文学教授俱乏上选,足下来此亦可担任。学长月薪三百元。重要教授亦有此数。"[5]

1917 年的夏天,因为蔡元培"囊括大典,网罗众家;思想自由,兼容并包"的办学方针,更有陈独秀、胡适不遗余力地延揽人才,蔡元培回忆说:"那时候因《新青年》上文学革命的鼓吹,而我们认识留美的胡适之君,他回国后,即请到北大任教授。胡君真是'旧学邃密'而且'新知深沉'的一个人,所以一方面与沈尹默、兼士兄弟,钱玄同、马幼渔、刘半农诸君以新方法整理国故,一方整理英文系。因胡君之介绍而请到的好教员,颇不少。"[6]北大校园大师云集,并由此打开了"新潮"与"国故"对垒,白话与文言相争的百家争鸣局面,北大从此不再平静。有意思的是,北大里推崇文学革命的"新潮"大部分都是属兔的。除了蔡元培、陈独秀、胡适这三位北大的重量级人物属兔外,北大文科教员刘半农、刘文典、朱希祖也是属兔,以至于大家把文科教员办公室戏称为"卯字号"。胡适后来更是俏皮地说:"北大是由于三只兔子而成名的。"

这就是发生在 1917 年夏季里北大的故事。历史似乎在等待着这一刻的到来,一切的时机和条件都准备得如此充分,新文学运动的大幕在北大校园徐徐拉开。当时的北大,有两位反对新文学运动的旧老,一位是翻译大家林纾,另一位是西学功底深厚的大家辜鸿铭。这两个深受西方文化影响,并把西方文化大肆引进东方的人,却百般阻挠白话文的推广。

林纾不懂英文,全依赖别人口述进行翻译,他的译文多采用古文形式。就是这样一个完全不懂英文的人,翻译的作品达 184 种之多,被誉为"译界之王"。他认为:"若云死文字有碍生学术,则科学不用古文,古文亦无碍科学","且天下唯有真学术,真道德,始足独树一帜,使人景从。若尽废古书,行用土话为文字,则都下引车卖浆之徒所操之语,按之皆有文法,不类闽、广人为无文法之啁啾,据此,则凡京、津之稗贩,均可用为教授矣"。[7]林纾以为,白话文即土话,乃下里巴人之语。若采用白话,那贩夫走卒都可以做教授了。

林纾

辜鸿铭,一个有着欧罗巴人血统的混血儿,是一名近乎顽固的东方文化守护者,他不仅脑勺后留着一条豖尾小辫,还纳有小妾。但他西学却十分了得,精通九国语言,有 13 个博士学位。就是这样一个西学功底深厚的老者,却极力捍卫和顽固推崇古老的东方文化,抵制新文化运动。

"重估一切价值"这一句尼采经典的话语,是胡适提倡新文化运动的精髓所在,也是他最爱说的一句话。对于胡适等提出的新文化运动观念,辜鸿铭如是说:"这一整套关于'重估一切价值'和'共和国重整'的高论,其真切意思究竟是什么?"[8]他认为"重估一切价值"纯属空谈:"胡适博士所极力主张和坚持的,书面语文(文言)或古典中国语文对于创造性的文学作品来说,是一种不合宜的、或者像胡适博士用他留学生英语说的一种不胜任的(!)工具,纯粹是胡扯。"[9]辜鸿铭还抬出英国经典的莎士比亚举例说明古典的语言价值:"正如古典式的莎士比亚英文不仅是合宜的、而且是较好的一种工具一样,要写出创造性的文学作品,文言或古典中国语文比口头语文或白话要强得多。"[10]

清末的遗老,虽然名声显赫,但已经无法阻挡这场狂飙疾驰的新文学运动。因为时代不同了,时代需要这样的文化。另一方面,林纾等人,在胡适等人眼中,完全是不堪一击的反对派。陈独秀说:"适之等若在三十年前提倡白话文,只需章行严一篇文章便驳得烟消灰灭。"[11]胡适非常赞同陈独秀的说法:"我们若在满清时代主张打倒古文,采用白话文,只需一位御史的弹本就可以封报馆捉拿人了。"[12]但是政治势力在民国已是另一番情况了,"当我们在民国时代提倡白话文的时候,林纾的几篇文章并不曾使我们烟消灰灭,然而徐树铮和安福部的政治势力却一样能封报馆捉人"[13]。因此胡适十分感叹时代赋予他们的机遇:"幸而帝制推倒以后,顽固的势力已不能集中作威福了,白话文运动虽然时时受点障害,究竟还不到'烟消灰灭'的地步。这是我们不能不归功到政治革命的先烈的。"[14]

胡适在北大任教后,加入了"国语统一筹备会",这个组织中有一批有志于把口语和文学合二为一的同仁。他们试图建立一种"标准国语",却又为以哪种语言为标准国语而苦恼。胡适却提出了令人眼前一亮的观念:"许多伟大而畅销数百年的小说如

辜鸿铭

《水浒传》、《三国演义》、《西游记》、《红楼梦》、《儒林外史》等等巨著,早已把白话文的形式标准化了。"[15]胡适认为这些经典名著,已经为国语定下了标准,当了国语老师。由于胡适这一观念的提出,新文学运动如火如荼地展开了。

所谓时势造英雄,当时势呼唤英雄出现,且给予他以机会和实现的条件时,英雄能够应运而生,这是时代的幸运。胡适与新文学运动正是在这样一个时代与个人的条件相契合的契机下出现了。

二 《诗经》中的哲学

胡适携着提倡白话新文学的清风,闯入北大这所全国一流的高等学府,成为一名教书育人的老师。这一年,他27岁,比校园中的莘莘学子大不了几岁。对于这么年轻的教授,怀疑者甚众,很多同学

都说："他是一个美国新回来的留学生，如何能到北京大学里来讲中国的东西？"[16] 这位留学美国七年，师从大哲学家杜威的博士生，究竟是一个以提倡白话新文学赚取眼球的花瓶，还是真正学贯中西的大师？人人都注视着，等待着，想看看胡适究竟有多少斤两。要知道，北大可不是滥竽充数的地方，没有几分古文经学的功底，那可是会被学生轰下讲台的。当时的北大，学术上推崇章太炎的古文经学，认为古文就是历史，要把经当历史看。章门弟子黄侃、朱希祖，都是古文经学的推崇者，也在北大任教。北大的学术完全罩于古文经学的氛围中。彼时的北大，准备看笑话的人远多于认同胡适的人。

胡适知道大家对自己怀疑，但他却充满了自信，他在日记中引用了英国"牛津运动"领袖们引用荷马诗中的诗句"如今我们已回来，你们请看分晓罢"，认为这诗句是"吾辈留学生之先锋旗也"。[17]正是在这样睥睨天下的气势下，胡适的第一门开山之课——中国哲学史课就令众学子刮目相看。

他在开讲之前，将自己编制的讲义《中国哲学史大纲》散发给了学生。未料，这份讲义竟招致北大讲授中国哲学的权威陈汉章的嘲笑，说：胡适果然不通，只看他讲义的名称，就知道他不通。哲学史本来就是哲学的大纲，现在又出来个《中国哲学史大纲》，这岂不成了大纲的大纲吗？笑话，笑话！自古所谓文人相轻，再加上胡适的观念与北大一些师生的观念有差异，北大支持和反对他的人们都在注视着他，胡适面临着考验。

在胡适之前，北大的哲学课，采用的是陈汉章烦琐的引经据典的授课方式。这种方式费时甚多。陈汉章讲中国哲学，往往从伏羲讲起，一年时间，也只讲到商朝的《洪范》。由于当时北大的学术氛围就是讲究古文经学，大多数的学生也就习以为常了。诸如冯友兰、顾颉刚之类的，虽然对陈汉章的课心怀不满，但整个大环境如此，他们也就无可奈何随大流了。

但是胡适"来了，他不管以前的课业，重编讲义，开头一章是《中国哲学结胎的时代》，用诗经作时代的说明，丢开唐虞夏商，径从

胡适初任北大教授(1917 年)

周宣王以后讲起"[18]，把同学们头脑中早已固有的观念，几乎是颠覆
了。顾颉刚回忆说：胡适"这一改把我们一班人充满着三皇五帝的
脑经骤然作一个重大的打击，骇得一堂中舌挢而不能下"[19]。胡适
的这种授课方式，与古文经学的治学路子截然相反，致使反对者甚
多。倒是顾颉刚在听了胡适几堂中国哲学课后，摸着了门道。他认
为，虽然胡适没有陈汉章读书多，但是在裁断上是足以自立的。但
顾颉刚的一番话并不能使同学们放弃偏见，同学们上课时依然议论
纷纷，不愿认真听讲，甚至起哄要赶走胡适。

　　无奈之下，顾颉刚想到了和他同住一室的傅斯年。傅斯年是北
大当年赫赫有名的才子，也是章氏学派黄侃的得意门生，旧学功底
深厚。就在顾颉刚准备找他谈话前不久，他和同学们一起赶走了教

授《文心雕龙》的朱蓬仙。这朱蓬仙是章太炎的门生,学问还是有的,只是《文心雕龙》非他所长,授课时免不了出错。于是,傅斯年从他的讲义全稿中,摘出了三十几条错误,由全班签名上书蔡校长。蔡先生是内行,一看就明白了,但他不相信学生有能力发现这些错误,担心这是教授之间的互相攻讦,于是,他请来同学一一对质,由于同学们事先有了准备,也算是圆满完成了蔡先生的诘问。事后,朱蓬仙果然不再教这门课了。

自此,傅斯年在同学中威望大增,凡他所言,同学们大多能听进几分。于是,顾颉刚便跑去找傅斯年,劝他去听听胡适的中国哲学史课:"胡先生讲得的确不差,他有眼光,有胆量,有断制,确是一个有能力的历史家,他的议论处处合于我的理性,都是我想说而不知道怎样说才好的。你虽不是哲学系,何妨去听一听呢?"[20]

在顾颉刚的怂恿下,傅斯年旁听了胡适几堂课。和顾颉刚一样,傅斯年对胡适的治学方式大为推崇。于是,他对那些想要赶走胡适的同学说:"这个人书虽然读得不多,但他走的这一条路是对的。你们不能闹。"这样,胡适才留在了北大。胡适后来回忆初到北大这段经历时说:"我在若干年后才知道他(傅斯年)在很早的时候就是胡适之的'保驾人',在不知不觉中已经替我作了保护的工作。"胡适不无感激地说:"我这个二十几岁的留学生,在北京大学教书,面对着一般思想成熟的学生,没有引起风波;过了十几年以后才晓得孟真暗地里做了我的保护人。"[21]

想这傅斯年本是"中国文学系"的学生,黄侃教授的高足,而黄侃则是北大里有力的守旧派,一向为了《新青年》派提倡白话而引起他的痛骂的,谁知后来,仅仅是因为听了胡适几堂中国哲学课,竟与胡适惺惺相惜,毅然与章氏学派决裂,走到胡适的路子上去,后来竟办起《新潮》来,成为《新青年》的得力助手。傅斯年此后一生与胡适交往密切,并且相当尊崇胡适。抗战胜利后,不少人推荐傅斯年担任北京大学校长,傅斯年却把这等好事给了当时远在海外的胡适。

胡适的中国哲学史课到底有何特别之处,竟令北大的高才生们折服？胡适的中国哲学史课,确如学生们所说,直接从周朝讲起,而且大多依据《诗经》中诗歌描述的社会生活来讲解。当说到周朝的贫富悬殊大时,胡适列举了《诗经·小雅·大东》和《诗经·魏风·葛屦》。胡适说:"这两篇文章竟像英国虎德(Thomas Hood)的《缝衣歌》的节本。写的是那时代的资本家雇用女工,把拿'掺掺女子'的血汗工夫,来做他们发财的门径。葛屦本是夏天穿的,如今这些穷工人到了下霜下雪的时候,也还穿着葛屦。怪不得那些慈悲的诗人忍不过要痛骂了。"[22]胡适把一些深奥的概念,与当时的生活结合,浅入深出,深入浅出,把一个抽象的哲学道理通过欣赏诗歌的方式讲得明明白白。当说到人们非常熟悉的诗歌《诗经·魏风·伐檀》"坎坎伐檀兮,置之河之干兮。河水清且涟猗。——不稼不穑,胡取禾三百廛兮! 不狩不猎,胡瞻尔庭有县貆兮! 彼君子兮,不素餐兮!"时,胡适不无诙谐地说:"这竟是近时社会党攻击资本家不该安享别人辛苦得来的利益的话了!"[23]

胡适结合时事,生动形象地讲解抽象哲学道理的授课方式,应该说是具有开先河的意义的。很快,北大的青年才俊们就被胡适吸引了。傅斯年、罗家伦、毛子水、顾颉刚等几乎成了胡适家的常客,刚开始他们还只是客客气气地请教,后来则发展成非常随意地争论,甚至于大声地争辩。令人称奇的是,章派的得意门生,竟都成了胡派学术的追随者。

后来,胡适将其哲学课讲义整理付梓,于1919年2月由《商务印书馆》出版,书名《中国古代哲学史》(原名《中国古代哲学史大纲》)。该书出版后两个月内就再版,在三年的时间里竟再版了七次。

胡适对自己这本《中国古代哲学史》的评价是"一本开风气的作品"。胡适非常自信地说:"我那本著作里至少有一项新特征,那便是我〔不分'经学'、'子学'〕把各家思想,一视同仁。我把儒家以外的,甚至反儒非儒的思想家,如墨子,与孔子并列,这在1919年〔的中国学术界〕便是一项小小的革命。"[24]

胡适在许多领域都体现出创造性和开拓性。这种创造和开拓的精神,是做学问极其可贵的品质。正因为此,胡适才在那个时代成为先驱人物。

三 杜威走了半个中国

1919 年 4 月 30 日下午,一艘由日本驶来的轮船停泊在上海码头。蒋梦麟、胡适、陶行知三人面带笑容,目光在下轮船的人群中来回逡巡。他们正在寻找从日本而来的老师,杜威博士。杜威此次来华,得力于他们三人的组织与筹措。

原本,杜威是应日本学生小野博士的邀请,到日本东京帝国大学作讲演。陶行知听闻此事后,便告诉了郭秉文,请他经过日本时去邀请杜威来中国演讲。随后,陶行知于 3 月 12 日去信给胡适,请他写信邀请杜威来中国,并说:"现在又有你欢迎的信去,我看杜威先生十分有六七分能够来了。我不久也要写一封信去。总而言之,这件事我们南北统一起来打个公司合办,你看如何?"[25] 3 月 31 日,陶行知又给胡适去了一封信,告诉他郭秉文在日本已经见过杜威,而杜威也答应来中国了。他又就杜威来中国一事与胡适商榷:"应由北京大学、江苏省教育会、南京高师三个机关各举代表一人担任。"[26] 并告诉胡适蒋梦麟此时正好在北京,可以着手商议三方如何接待的问题,因为杜威来中国的行期已经很近了。

在此之前,胡适已经给杜威去了信。杜威回信说:"我接到你的信非常欢喜。我每日总想写信把我们想到中国来游玩的事告诉你,所以接到你的信格外高兴。我们的行程还不曾十分确定,大约五月中旬可到上海,在中国可稍住几时,到七月或天太热的时候我们仍旧回日本乡间住几个星期然后回美国。"[27] 信中还表示,关于在中国住一年的问题,只要中国方面和哥大协商好了,他自己是非常愿意的。

于是,胡适、陶行知、蒋梦麟这三个哥伦比亚大学的校友,代表各方协商好如何接待杜威后,便以北京大学、南京高等师范学校、江苏教育会、尚志学会的名义,向杜威发出正式邀请。为扩大杜威来华声势与影响,几家主办团体邀请胡适在杜威来华以前,先把实验主义做一个有体系的公开介绍。胡适便在北京作了四次有关的演讲,为杜威来华演讲做好了铺垫。

前排左起:史量才、杜威夫人爱丽丝、杜威,后排左起:胡适、蒋梦麟、陶行知、张作平(1919年杜威访华时期合影)

5月3日,杜威在上海江苏省教育会会场作了他到中国后的第一场演讲。其演讲题目是"平民主义的教育",由于胡适等人前期的大量宣传,杜威的演讲很轰动,听者甚众。第二天,即5月4日,北京爆发了影响中国历史的五四运动。当天,杜威作了同样题目的演讲,并决定在中国长期居住一段时间,他想知道,这一重大的政治事件,会给这个国家带来怎样的影响。

杜威虽然已年过六十,但做事仍然一丝不苟。在中国的每一场演讲,他都会先写好演讲大纲,交给翻译,再由翻译依据大纲,把重要的内容和难理解的词语,事先想好最能表达相同内容和意思的中国词语,随后在演讲会上深入浅出地翻译出来。演讲结束后,演讲大纲又会交给现场做记录的人,经校对后,再登载发表出来。杜威在中国两年,其演讲多由胡适翻译。由于胡适和杜威两人在学术上都持有非常严谨的态度,杜威在中国发表的演讲文章,质量都非常高。

令人觉得有趣的是,当时许多人去听演讲,完全是冲着胡适去的。赵元任的妻子杨步伟回忆说,她原本没有去听什么哲学演讲的雅兴,况且还是说一口英语的外国人。但是她的朋友告诉她,她不用担心听不懂,有北大的教授胡适之先生做翻译,一般人都能听懂。况且适之先生温文尔雅,风度翩翩,就是去看看适之先生本人也不错啊。于是,她去了演讲会,也第一次见到了胡适,领略了年轻的北大教授适之先生渊博的学识、幽默风趣的口才。

五四运动的活跃人物程天放第一次见胡适,也是在杜威的演讲会上。当时杜威即将赴南京演讲,南京的报纸登载了公告,称杜威博士将在江苏省教育会公开演讲,由适之先生翻译。胡适虽然因为新文学运动名声在外,但是当时上海一般知识青年是只知其人,却未曾见过他的庐山真面目。于是,大批学生都兴致勃勃地跑去听演讲,只为了看看胡适的真面目。一路上,程天放和学生们都在揣测着,这位留美七年归来的博士,应该是一副西装笔挺、神气十足的典型留学生形象吧。可是,当演讲会开始,陪着杜威走上台的却是一个一袭长衫、态度谦和的人,与他们的想象大相径庭,学生们都大为吃惊,这完全是一个中国传统学者的形象嘛。

时光荏苒,杜威在中国已经两年多了,1921 年临近 6 月的时候,杜威准备回国。北京高师知道这一消息后,便请杜威作了最后一次演讲。1921 年 6 月 20 日的《晨报》登载了杜威最后一次演讲的消息。消息报道了杜威在京末次讲演的地址和题目,题目是"教师职业的现在机会"。消息中还说:"博士对中国教育,夙具极大热心,值此首都无教育之时,其临别赠言,定能与吾人精神以莫大之助力。"[28]

1921 年 6 月 30 日中午时分,几家主办团体,为感谢杜威此次来华所作的贡献,举行了答谢和饯行宴。宴会上群贤毕至,少长咸集。

宴会上,蔡元培言杜威此行,可与孔子周游列国相比。梁启超则把杜威比作印度的智者鸠摩罗什,希望他能够有机会再次来华。胡适代表北京大学致欢送词。他赞扬杜威在中国大学革新乏力时,来到中国,为中国大学的革新作出贡献,并总结了杜威的思想及其方法,他说:"我们希望思想界把杜威博士这些方法养成一种思想上的习惯,这个力量是很大的。梁先生说中国人宜以杜威的哲学为底,造出一派新的哲学,这就是看重他的方法的意思。"[29]

杜威离开中国的当天,胡适写了《杜威先生与中国》一文,纪念杜威的这次中国之行。胡适称赞道:"中国的地方他到过并且讲演过的,有奉天、直隶、山西、山东、江苏、江西、湖北、湖南、浙江、福建、广东十一省。他在北京的五种长期讲演录已经过第十版了,其余各种小讲演录——如山西的,南京的,北京学术讲演会的,——几乎数也数不清楚了!我们可以说,自从中国与西洋文化接触以来,没有一个外国学者在中国思想界的影响有杜威先生这样大的。"[30]

胡适等一些希望用美国思想改造中国的学者,在杜威离开后,真的看到成就了吗?事实却是,杜威走了半个中国收效甚微,而已经不可能来中国的马克思,却把中国彻底影响了。

四　问题与主义的争论

"我曾向我的同事们建议,我们这个文化运动既然被称为'文艺复兴运动',它就应撇开政治,有意识地为新中国打下一个非政治的〔文化〕基础。我们应致力于〔研究和解决〕我们所认为最基本的有关中国知识、文化和教育方面的问题。我并且特地指出我们要'二十年不谈政治;二十年不干政治'。"[31]这段话可以说是胡适倡导新文化运动的初衷。但是社会现实的差异,与社会所处时代的流变,让一些看来五光十色的理想,渐渐暗淡下来。这其中确有极其复杂的原因,尤其是五四运动的是与非。当胡适眼见自己所倡导的宏伟事业受到阻滞,他不得不站出来说话了。1919 年 7 月 20 日他在《每周评论》上发表了《多研究些问题,少谈些"主义"》一文,点燃了问题与主义之争的导火索。

这一争论的发生,与当时国内国际的政治状况密切相关。五四运动前后,实验主义、马克思主义、无政府主义、人道主义等各种思想流派纷纷涌进中国,当时的知识分子对这些主义与思想,采取了宽容并包与兼收并蓄的态度,并希望能从中找到一条救国道路。但是胡适却希望他所倡导的新文学运动,沿着他所希望的纯洁方向前行,远离政治,不被其他主义所混淆。然而文化与政治怎么能撇得清呢?所谓文化的繁荣,只能是在适宜一种文化繁荣的政治环境下,如此文化与其才相得益彰。不管是文艺复兴的兴起,还是西方现代艺术思潮的盛行,都是与当时的政治形势相一致的。而当时中国社会面临的政治形势,内外因都只能使胡适所倡导的文化运动到此为止,戛然打住。本来一条道的方向,现在分出了很多岔路。胡适的朋友们不想再和胡适走一条道了。于是在胡适回乡奔丧的时候,陈独秀、李大钊等人于1918年12月22日,创办了《每周评论》周刊。在胡适看来,当时陈独秀等人创办《每周评论》,是为了"《新青年》杂志便可继续避免作政治性的评论;同时他们也可利用一个周刊来得到谈政治的满足"[32],实际上却是这些曾经志同道合的同人在思想上逐渐与他发生了分歧。

1919年5月,《新青年》六卷五号的出版,将这种分歧推上了台面。这一期的《新青年》发表了五篇关于马克思的文章,有介绍马克思其人的,有介绍其思想的,还有一篇就是李大钊撰写的《我的马克思主义观》。文中,李大钊论述了马克思的唯物论和经济学思想以及阶级竞争学说(阶级斗争学说)。对马克思主义以及布尔什维克的宣传,令胡适感到了不安。于是胡适决定:"我既然无法避免谈政治,我就决定谈点较基本的问题。我的这项新尝试自7月开始,并写了一篇《多研究些问题,少谈些'主义'》。"[33]

胡适认为"主义"是个抽象的名词,所以"主义"的弱点和危险就在这里。"因为世间没有一个抽象名词能把某人某派的具体主张都包括在里面。比如'社会主义'一个名词,马克思的社会主义,和王揖唐的社会主义不同;你的社会主义,和我的社会主义不同;决不是这一个抽象名词所能包括。你谈你的社会主义,我谈我的社会主义,王揖唐又谈他的社会主义,同用一个名词,中间也许隔开七八个世纪,也许隔开两三万里路,然而你和我和王揖唐都可自称社会主义家,都可用这一个抽象名词来骗人。这不是'主义'的大缺点和大危险吗?"[34]胡适认为这种只谈主义不谈问题的做法其实是"不顾实际问题而囫囵吞枣地把整套有偏见的外国主义搬来中国,实在是一种智慧上的懒惰"[35]。胡适对于当时社会流行的主义之讨论是忍无可忍,非常恼怒了,他言辞犀利地抨击空谈主义"是阿猫阿狗都能做的事,是鹦鹉和留声机器都能做的事"[36],并称李大钊这个拥护"布尔什维克主义"者是"那些要利用一些主义为口号而从事政治活动的人"[37]。

李大钊看完胡适这篇文章后,立即写了《再论问题与主义》一文,指出"大凡一个主义,都有理想与实用两面",而"一个社会主义者,为使他的主义在世界上发生些影响,必须要研究怎么可以把他的理想尽量应用于环绕着他的实境。所以现代的社会,主义包含着许多把他的精神变作实际的形式使合于现在需要的企图。这可以证明主义的本性,原有适应实际的可能性,不过被专事空谈的人用了,就变成空的罢了。那么,先生所说主义的危险,只怕不是主义的本身带来的,是空谈他的人给他的"[38]。李大钊还非常直爽地承认:"我可以自白,我是喜欢谈谈布尔扎维主义的。"并进而宣扬自己的观点:"不过我总觉得布尔扎维主义的流行,实在是世界文化上的一大变动。我们应该研究他,介绍他,把他的害[实]象昭布在人类社会,不可一味听信人家为他们造的谣言,就拿凶暴残忍的话抹煞他们的一切。"[39]

胡适当时已接替被捕入狱的陈独秀编辑《每周评论》。他拿到李大钊的《再论问题与主义》文章后,便在《每周评论》予以发表。紧接着他又写了《三论问题与主义》一文,与蓝知非、李大钊展开了新一轮的辩论。在《三论问题与主义》中,胡适再一次强调了自己多研究些问题,少谈些"主义"的主张。他以参加巴黎和会的美国总统威尔逊为例,说明:"没有具体主张的'主义',必致闹到扰乱失败的地位。"[40]这篇文章原本安排在《每周评论》第37期登出,不想这时《每周评论》被查封了。这篇文章没有能与公众及时见面,后来胡适把他收入了自己的作品集《胡适文存》中。

《三论问题与主义》完成后,胡适总觉得有些话还没有说到。于是他又写了《四论问题与主义》。胡适在文中提出了输入学理的三个方法:一是要注意发生这种学说的时势情形;二是要注意"论主"的生平事实和他所受的学术影响;三是要注意每种学说已经发生的效果。胡适总结说,这三种方法,可以叫作"历史的态度"。胡适在结尾处说:"我希望中国的学者,对于一切学理,一切主义,都能用这种历史的态度去研究他们。"[41]

问题与主义的争论最终却在不了了之中结束了。因为李大钊、陈独秀等崇尚布尔什维克的人,已经有了明确的革命目标,又忙于躲避政府的追捕,无暇在理论上与胡适纠缠了。但从此,志同道合的三人分道扬镳。胡适所倡导的新文化运动,也就是他梦想的中国文艺复兴遭遇了急刹车,明显减速,开始缓慢地前行中。

问题与主义之争,应该说在那个时代背景下是必然会发生的。在国外,俄国十月革命的成功,让国内一部分曾经的民主主义者,转向了布尔什维克思想,崇尚马克思的阶级斗争学说,希望学习俄国革命成功的经验。国内五四运动的爆发,参与政治、干预政治的思潮得到空前的膨胀,文化独树一帜的风头受到明显的冲击。这也就是后来胡适感慨五四运动是一场不幸的政治干扰的原因所在。但是五四运动在当时的时事环境下,是必然会发生的。

五 和马列主义者的来往

北大建校25周年纪念日那天,学校进行了一个有意思的"民意测量"。其中第 6 个问题是,你心目中,国内或世界大人物是哪几位?评选的结果是:国内大人物孙文:473 票;陈独秀:173 票;蔡元培:153 票;段祺瑞:45 票;胡适:45 票;梁启超:29 票;吴佩孚:27 票;李大钊:25 票;章太炎:10 票。投票结果后来刊登在 1924 年 3 月 5 日的《北京大学日刊》上。从这个结果可以看出,当时北大学子们心目中所谓的大人物主要还是集中在北京大学,又特别是北大里提倡新文化运动的人。

然而,事实却是胡适、陈独秀、李大钊这三个学生心目中的大人物,当时已经分道扬镳,走上了不同的道路,成了政见迥然不同的对立面。但观念的不同,丝毫未能影响他们彼此之间的情谊,他们不再是战友,却依然是朋友。

胡适与陈独秀同为安徽老乡,二人的相识,也是安徽老乡的介绍。两人认识后,就建立了深厚的情谊。即使后来两人在观念上发生了重大的分歧,但个人私交却依然十分友好。五四运动爆发后的

胡适于北京(1924 年)

第三天,陈独秀写信给正在上海接待杜威的胡适,讲述了五四运动当天的情形,说:"京中舆论,颇袒护学生;但是说起官话来,总觉得聚众打人放火(放火是不是学生做的,还没有证明),难免犯法。"又说现在社会中的少数阔人因为觉得有一半不安分的人时常和他们为难,恐怕要采取一些手段了,因此他估计"惩办被捕的学生三十多人(大学为江绍原等二十二人),整顿大学,对付两个日报,一个周报,恐怕是意中的事"[42]。

陈独秀预见了事件的发展趋势,却没料到,自己也是那被对付的人之一。一个月后的某天,胡适与陈独秀、高一涵还有三个安徽

胡适（右）与陈独秀

同乡一起吃茶聊天。其间，陈独秀不忘从衣袋里掏出他事先已经准备好的传单在喝茶的人群中散发，这时的胡适与陈独秀已经有了分歧，见了这种场面，他便与高一涵起身先离去了，而陈独秀依然继续散发他的传单，也就在这一天，陈独秀被捕入狱。于是，《每周评论》的编辑一事就落在了胡适的身上，问题与主义之争也在此时爆发。

后来，在多方的干预下（就连孙中山也曾向北洋军阀政府干预此事），被关押了83天的陈独秀被保释出狱。他一出狱，胡适就推荐他代替自己到华中的几所大学做演讲。回到北京后，陈独秀因为警察找上门来了，便跑到胡适家中躲藏，后来考虑到两人关系密切，警察肯定会找上门来，又跑到李大钊家中，不久便和李大钊一起离开了北京，也带走了《新青年》。去到上海的陈独秀继续办《新青年》报，但是这之后的《新青年》已经着力宣传马列主义了，后来甚至成了共产党的机关报。但是，陈胡两人一直保持着联系。第二年冬天，陈独秀与小姨子高君曼结婚，请胡适做证婚人。胡适因为忙于随杜威演讲，虽未能到现场祝贺，但也作了一副对联，请章土钊书写好后，代为转贺。

然而，两人在意识形态上的分歧却是越发白热化。1925 年时，胡适因为火烧《晨报》一事与陈独秀展开了争论。陈独秀理直气壮地质问胡适："你以为《晨报》不该烧吗？"胡适因为这句话焦虑了很多天后，终于忍不住给陈独秀写了一封信，吐露自己对陈独秀的意见："五六天以来，这一句话常常来往于我脑中。我们做了十年的朋友，做过不少的事，而见解主张上常有不同的地方。但最大的不同莫过于这一点了。我忍不住要对你说几句话。几十个暴动分子围烧一个报馆，这并不奇怪。但你是一个政党的负责领袖，对于此事不以为非，而以为'该'。这是使我很诧怪的态度。"[43] 胡适的言论，完全是民主主义思想者的观念，他无法理解陈独秀作为一个马列主义信仰者的理想与追求。这时候中国共产党已经成立四年了。中国共产党人，在马列主义布尔什维克思想的指导下，正进行着轰轰烈烈的革命。胡适在信中还说："我也知道你们主张一阶级专制的人已不信仰自由这个字了。我也知道我今天向你讨论自由，也许为你所笑。但我要你知道，这一点在我要算一个根本的信仰。我们两个老朋友，政治主张上尽管不同，事业上尽管不同，所以仍不失其为老朋友者，正因为你我脑子背后多少总还同有一点容忍异己的态度。至少我可以说，我的根本信仰是承认别人有尝试的自由。如果连这一点最低限度的相同点都扫除了，我们不但不能做朋友，简直要做仇敌了。你说是吗？"[44] 从胡适写给陈独秀的这封信中可以看出，两个人在观念上的撞击是十分强烈的。不过两人虽然在观念上非常龃龉，但是友谊却是长存的。

而胡适与另一个马列主义的信仰者李大钊也是战友、朋友又是对手。两人的友谊，源于 1918 年 7 月胡适将自己的演讲稿《美国的妇人》送与李大钊一阅。李大钊看后，认为是非常有意义的一篇演

左起：蒋梦麟、蔡元培、胡适、李大钊

讲稿，希望能在他的《言治》季刊中发表。征得胡适同意后，李大钊在《言治》发表了这篇演讲稿，他还专门为此文写了一篇跋："适之先生这篇演（讲）稿写成，持以示我，谓将寄登某杂志。我读之，爱不忍释。因商之适之先生，在本志发表。我的意思，以为第一可以扩充通俗文学的范围；第二可以引起国人对于世界妇人运动的兴味；第三可以为本志开一名家讲坛的先例，为本志创一新纪元。我故附识数语，谢谢适之先生。"[45]此时的二人，可以说，没有什么思想见解上的冲突，但十月革命以后，李大钊开始关注十月革命后的布尔什维克，信仰马克思主义，两个人的观念形态由此发生了分歧，并因此开展了问题与主义的争论。不过，李大钊对胡适一直是十分敬重的。

1926年胡适去欧洲参加"中英庚款"会议，途经新生的苏联，并且逗留了一段时间。李大钊知道后，当时就对朋友说：我们应该写信给适之，劝他仍旧从俄国回来，不要他往西走，打美国回来！作为中国共产党的创始人，李大钊非常希望胡适在苏联有了亲身体验后,能转变观念,成为和他一起奋斗的中国共产党人。然而,去了苏联的胡适并没有改变他对马克思主义的认识,也没有如李大钊所愿原路返回,而是一直向西,在美国逗留了数月后才由美国返回中国。可是,当胡适经历了近一年的欧美游回到中国时,李大钊已经因为他的信仰遇害了。

1930 年胡适的《胡适文存》第三集出版时,他专门把"纪念四位最近失掉的朋友"的献辞放在扉页,李大钊的名字排在四位朋友之首。

三个好朋友,志存高远的好朋友,无论他们在观念上有多大的差异,但是有一点他们是共同的,那就是都希望一个强盛的、人民生活美好的中国能屹立世界。

六 整理国故

胡适提倡中国文艺复兴,其内在实质包含了以下几方面的内容:"一、研究问题,特殊的问题和今日切迫的问题;二、输入学理,从海外输入那些适合我们作参考和比较研究用的学理;三、整理国故〔把三千年来支离破碎的古学,用科学方法作一番有系统的整理〕;四、再造文明,这是上三项综合起来的最后目的。"[46]

由此可见,胡适所谓的文艺复兴,最实际的内容应该就是"整理国故"这一项。西方文艺复兴,是欲从古希腊和古罗马的文化中追求精神的解放。而胡适所谓再造文明,也就是想用当代的科学方法系统地整理中国传统文化,从而让曾经的东方文明再造辉煌。

今天的书籍、杂志或报纸,其从左到右的横排版式,从左到右的阅读习惯,标点分段的运用,在我们看来是如此自然,自然到潜意识中就以为本就该如此。可是在胡适所处时代,出版这样一本版式的纸质读物,就是一场革命了。胡适"整理国故"就是从这文化载体的革命开始的。

这一革命性的刊物就是胡适等编辑的北京大学出版刊物《国学

季刊》。"这本刊物是研究国学的;但是它却以新姿态出现。编排方式是自左向右的'横排';文章也全部使用新式标点符号。就凭这一点,〔在学术界〕已经是个小小的革命了。这座〔中国首屈一指的〕国立大学出版的讨论国学的刊物,竟然用'蛮夷的'形式出现,当时真是使许多人震惊。"[47]

北京大学国学季刊编委会同人合影(1924 年 9 月),左起:徐炳昶、沈兼士、马衡、胡适、顾颉刚、朱希祖、陈垣

　　胡适在《国学季刊》第一期中发表了《国学季刊发刊宣言》,充满信心地说:"国学的将来,定能胜于国学的过去;过去的成绩虽未可厚非,但是将来的成绩一定还要更好数倍。"[48]到底怎样来整理国学呢?胡适在宣言中提出了整理的方式:"第一,用历史的方法来尽量扩大研究的范围。"胡适又用通俗的话对第一种整理方式作了进一步说明:"换言之,凡在中国人民文化演进中占有历史地位的任何形式的〔典籍〕皆在我们研究之列。"第二个整理方式就是:"第二,注意有系统的整理。我们要采用现代的治学方法,做有系统的整理。例如,替古籍编'索引'或'引得'(index),便是其中之一。"胡适希望通

过这一方式,让后人们更好地学习和了解古人的文化。也就是对某一古籍作汇编式的整理,把有关这一古籍的版本等资料汇编整理,以利于研究整理。胡适还提出"专史式"的整理:"最后我们提出'专史式'的整理——诸如语言文字史、文学史、经济史、政治史、国际思想交流史、科技史、艺术史、宗教史、风俗史等等。这种专史式的研究,中国传统学者几乎全未做过。"[49]胡适认为只要运用以上三种方式对中国古文化进行整理,就可以将传统学术缺乏系统的缺陷加以弥补和丰富。胡适所提出的整理国故的方式,在当时也是具有革命意义的,我们现在做文化的学术研究,对传统文化进行整理,正是通过这样的方式在进行着。

胡适在宣言的最后,提出三句话作为新国学研究的大纲:"第一,用历史的眼光来扩大国学研究的范围。第二,用系统的整理来部勒国学研究的资料。第三,用比较的研究来帮助国学的材料的整理与解释。"[50]第三条中胡适所提到的比较的方法,在当时来说是一项极具时代意义的学术研究方法。现在比较学的学术方式已经运用于人类文化的各个方面和领域,而在当时泥古不化的中国,比较研究学术方式的提出是开先河的,令人耳目一新。

从另一个角度看,胡适倡导的"整理国故",实际上就是他提出多研究些问题的实际行动,希望由对古文化问题的研究,来推动和掀起中国的文艺复兴。从这一角度看胡适,也就不难理解,一个喜欢政治、喜欢哲学的留美学生,回国以后却对中国传统文化典籍及其门类作广泛的研究和著述的原因所在。所以胡适自豪地说:"用精密的方法,考出古文化的真相;用明白晓畅的文字报告出来,叫有眼的都可以看见,有脑筋的都可以明白。这是化黑暗为光明,化神奇为臭腐,化玄妙为平常,化神圣为凡庸:这才是'重新估定一切价值'。他的功用可以解放人心,可以保护人们不受鬼怪迷惑。"[51]

从某种意义上说,胡适这一生都在做着整理国故的事情,他所涉猎国故的范围更是广泛的。哲学、政治、文学、历史、宗教,等等。在文学上,因为胡适对于《红楼梦》的新研究方向,红学又有了一个崭新的解读。胡适说:"我对《红楼梦》的研究历时十二年之久,先后作了五篇考证的文章。这项前所未有的研究的重要性是多方面的。在我作考证之前,研究《红楼梦》而加以诠释的已有多家,简直形成了一门'红学'。"[52]胡适之前的"红学",各种关于《红楼梦》的解读颇多。在胡适看来,最令人称奇的有三家,第一家解读认为是写顺治皇帝的爱情故事;第二家解读是蔡元培提出的,认为是一部隐射汉民族抗满的政治小说;第三家解读认为是描写满族名士纳兰性德身世的。胡适认为这三家的解读都是无稽之谈。胡适认为:"要认识这部巨著,一定要找出作者的身世;并且还要替这部名著的版本问题作出定案。"[53]胡适在着手解读这部巨著时,许多学生也来帮他的忙,查找有关的资料。经过胡适师生的努力,胡适对作者曹雪芹的家世背景有了一个较全面的了解。胡适根据他所掌握的资料,对红楼梦作了断定,认为这是作者所写的一部自传体小说。同时胡适还对红楼梦的版本类型进行了搜集研究,得出了红楼梦120回本,后40回为高鹗续写的结论。胡适说:"《红楼梦》后四十回之所以与前八十回不大一致的道理;那实在是出于高鹗的善意作伪之所致。"[54]胡适认为自己在考证《红楼梦》这部小说时,采用的是现代历史考证法,但是"考证法"又是传统学者们所习用的。"这一方法事实上包括下列诸步骤:避免先入为主的成见;寻找证据;尊重证据;让证据引导我们走向一个自然的,合乎逻辑的结论。"[55]胡适"整理国故",既善于吸收先进的科学的方式方法,又善于运用传统的有合理性的方式方法。

《水浒传》在胡适一生中意义重大。他第一次接触到的小说,就是《水浒传》,这本书为胡适打开了一个广阔的天地。时光流逝,一个懵懂少年成长为一个哲学博士,同样一个人,看待同样一本书,必然会有不一样的眼光。对于《水浒传》一书,胡适于1920年7月发表了一篇详尽的《水浒传考证》,第二年又写了续篇。胡适经过考证研究,认为《水浒传》是"中国传统小说中,那种逐渐演变出来的〔历史〕小说的代表作"[56]。在它的演变过程中,开始都只是一些小故事,经过时间的日积月累,逐渐演变成一部有复杂人物性格的长篇小说。胡适指出,《水浒传》最初起源于 11 世纪一篇描写 36 条好汉的故事,进而逐渐演变为 108 人的好汉故事。而对于这类型的小说,胡适认为:"要研究这种历史小说,我们就要用我所说的历史演变法。我们必须要从它那原始形式开始,然后把通过一些说书人、讲古人所改编改写的长期演变的经过,一一搞清楚。"[57]胡适正是通过这样一种严谨的治学方式,搜集各种版本类型,抽丝剥茧,从而捋出《水浒传》这部历史小说的演进变化。

胡适为了"整理国故","从 1920(民国九年)到 1936(民国二十五年)的十六年之间,我就花了很多时间去研究这些传统小说名著。同时我也督促我们的出版商之一的'亚东图书馆'在这方面多出点力"[58]。胡适将按照三个方面整理出来的书交由亚东图书馆印刷出版。这三个方面是:"一、本文中一定要用标点符号;二、正文一定要分节分段;三、〔正文之前〕一定要有一篇对该书历史的导言。"[59]胡适把按照这三大方面整理出来的书称为"整理过的本子"。

最先整理付印的书是《儒林外史》。这部小说,在当时并不畅销,但是当他整理过后,以新的版式出现时,一下成了流行书,深得老幼读者的欢迎。胡适、陈独秀、钱玄同还为该书作了序言。该书一出版,出版商也由原来的忧心疑虑转为喜笑颜开,并从这新式的版书中看到了商机。

古典文学的国故整理只是胡适"整理国故"的一部分,他"整理国故"中很重要的一部分是古代哲学与宗教,这将在之后的章节中予以叙述。胡适在"整理国故"时最难能可贵的就是他的开拓精神,这也正是他"整理国故"的精髓所在。

七　东厢醋瓶打翻了

张爱玲曾说,胡适与江冬秀是旧式婚姻罕有的幸福的例子。的确如此,一个留美博士,居然娶了一个大字不识几个的小脚女子,还能相守一生,在那个提倡婚姻自由的时代,实属不易之事。只不过,多情的胡适也曾有过离婚的念头,但最终却被江冬秀扼杀在摇篮中。

曹诚英年轻时

说来,胡适移情别恋,还是江冬秀牵的线。胡适有一阵子,身体健康状况欠佳,便决定去杭州休养一段时间。碰巧,那时江冬秀怀孕,无法随行。她不放心胡适独自一人在外,便委托在杭州的曹诚英照顾。

曹诚英是胡适三嫂的同父异母妹妹,又叫曹珮声,乳名丽娟,1902 年出生,小胡适 11 岁,她曾是胡适与江冬秀新式婚礼上的伴娘。由于这场婚礼,胡适认识了曹珮声,曹珮声也认识了胡适,她亲切地称胡适"穈哥"。这声"穈哥",让两个人的一段缘分从此注定。曹珮声一生命运坎坷,她和胡适曾经短暂的一段时光,是她一生中最幸福的时光了。

曹珮声也是个苦命的女子,她与胡冠英从小定亲,婚后二人都在杭州读书。然而,由于两人结婚四年都还没有孩子,胡家人因此大为不满。胡冠英母亲更以此为由,准备给儿子再娶一房小妾。已经开始接触时代女性新思潮的曹珮声知道此事后,非常懊恼,便与丈夫离了婚,成了一名在校读书的"已婚过的未婚女性"。

曹珮声历经磨难时,她的表哥胡适,当时正是声名显赫风光之时。曹珮声便写信给胡适,央请他为《安徽旅浙学会报》写一篇序。胡适答应了曹珮声的请求,从此两人就有了联系。

1923 年 4 月 29 日夜晚,胡适抵达杭州,接下来几日,任叔永、朱经、陈莎菲等六个老友陪伴胡适畅游西湖。除了六个老友,还有一些同乡伴游,其中就有曹珮声。西湖游,使得胡适与曹珮声的感情迅速升温,不久胡适作了一首《西湖》诗:

> 十七年梦想的西湖,
> 不能医我的病,
> 反使我病的更利害了!

> 然而西湖毕竟可爱。
> 轻烟笼着,月光照着,
> 我的心也跟着湖光微荡了。

> 前天,伊却未免太绚烂了!
> 我们只好在船篷阴处偷觑着,
> 不敢正眼看伊了!

> 最好是密云不雨的昨日:
> 近山都变成远山了,
> 山头的云雾慢腾腾地卷上去。

> 我没有气力去爬山,

只能天天在小船上荡来荡去，

静瞧那湖山诸峰从容地移前退后。

听了许多毁谤伊的话而来，

这回来了，只觉得伊更可爱，

因而不舍得匆匆就离别了。[60]

　　胡适在诗中明里赞美西湖，实际却是借着这朦胧的诗意表达自己对曹珮声的爱慕之意。

　　胡适声名远播，更兼风度翩翩，对女士温柔体贴，绅士风度十足，很快就俘获了曹珮声的芳心。两人情投意合，日日里畅游西湖山水，过着神仙眷侣般的生活。这段美好的日子，可以从胡适的日记中窥见一斑。从 1923 年 9 月 12 日起，曹珮声与胡适同在烟霞洞生活的一些记载频频出现在胡适的日记中。或与朋友一起游玩，或两个人游荡山中，但更多的时候是两个人在一起游玩的记载。胡适或讲故事与曹珮声听，或与她下棋消闲，或游山玩水。有意思的是胡适在日记里开始记载与曹珮声在一起时，都是称其为"珮声"。9 月 16 日的日记中还称呼曹珮声为"珮声"，9 月 18 日开始，便在日记中几乎都是用"娟"来称呼曹珮声了——因为曹珮声的乳名叫做丽娟。两个人在烟霞洞过着胡适称为的"神仙生活"，胡适的日记中还这样记载了两个人的一天："今天晴了，天气非常之好。下午我同佩声出门看桂花，过翁家山，山中桂树盛开，香气迎人。我们过葛洪井，翻山下去，到龙井寺。我们在一个亭子上坐着喝茶，借了一副棋盘棋子，下了一局象棋，讲了一个莫泊三（即莫泊桑）的故事。到四点半钟，我们仍循原路回来。下山时，不曾计算时候，回来时，只需半点钟，就到烟霞洞口了。"[61]

　　胡适在曹珮声的陪伴下在西湖边的美景里度过了这一秋季里的日日夜夜。10 月 4 日，胡适要去上海，曹珮声也要回女师上学了。离开烟霞洞的前一夜，胡适失眠了。他在日记中写道："睡醒时，残

胡适与曹诚英

月在天,正照着我头上,时已三点了。这是在烟霞洞看月的末一次了。下弦的残月,光色本凄惨;何况我这三个月中在月光之下过了我一生最快活的日子! 今当离别,月又来照我。自此一别,不知何日再能继续这三个月的烟霞山月的'神仙生活'了! 枕上看月徐徐移过屋角去,不禁黯然神伤。"[62]胡适的黯然神伤既有对他们两个人的神仙生活即将结束的失落心情,也有对自己情感生活未来前途的迷惘。和江冬秀六年的夫妻生活,他是了解江冬秀的,一个村姑没有文化既是优点也是缺点。胡适一个学问深厚的人,和一个胸无点墨的人晓之以理,说明两个没有感情的人生活在一起的痛苦,那是秀才遇到兵,有理也说不清的! 他舍不下与曹珮声的感情,却又不知道如何面对自己的结发妻子。

江冬秀之于他,虽说是母亲一手促成的包办婚姻,但江冬秀13年的等待之情,还是令胡适感动的。记得两人新婚时,胡适曾作了《新婚杂诗》五首,第一、第二首诗把两个人的漫长婚约路作了一个勾勒:

（一）

十三年没见面的相思，于今完结。

把一桩桩伤心旧事，从头细说。

你莫说你对不住我，

我也不说我对不住你，——

且牢牢记取这十二月三十夜的中天明月！

（二）

回首十四年前，

初春冷雨，

中村箫鼓，

有个人来看女婿。

匆匆别后，便轻将爱女相许。

只恨我十年作客，归来迟暮，

到如今，待双双登堂拜母，

只剩得荒草孤坟，斜阳凄楚！

最伤心，不堪重听，灯前人诉，阿母临终语！

第四首诗最为感人，胡适为此诗写了序，抒发自己感慨的心情：

　　吾订婚江氏，在甲辰年。戊中之秋，两家皆准备婚嫁，吾力阻之，始不果行。然此次所用嫁妆，犹多十年旧物。吾本不欲用爆竹，后以其为吾母十年前所备，不忍不用之。

　　记得那年，你家办了嫁妆，我家备了新房，只不曾捉到我这个新郎！

　　这十年来，换了几朝帝王，看了多少兴亡，

　　锈了你嫁奁中的刀剪，改了你多少嫁衣新样，

　　更老了你和我人儿一双！——

只有那十年陈的爆竹,越陈偏越响![63]

现如今,经过六年的夫妻生活,两人已经育有一子,江冬秀肚子里还怀着一个孩子。重情重义的胡适,不知该如何处理他与江冬秀、曹珮声三人的情感纠葛,离别令他黯然神伤,愁肠百转,想到未来,就更令他焦头烂额,不知所措了。

只是,胡适没想到,他与曹珮声的恋情,早经由徐志摩的八卦,传遍了北京的文人圈,最后自然也传进了江冬秀的耳朵。江冬秀的愤怒可想而知,所以,当胡适回到北京家中,江东秀挺着大肚子,一手持菜刀,一手拉着儿子祖望,声嘶力竭地对胡适说:"你要同我离婚,我母子三人就死在你面前。"胡适无计可施,只得作罢,不敢再提离婚之事。面对江冬秀的野蛮与武力,胡适只有赋诗一首,排解自己心中的郁闷:"隐处西楼已半春,绸缪未许有情人。非关木石无恩意,为恐东厢泼醋瓶。"[64]胡适这首小诗把自己面对爱情时的怯懦,与面对冬秀不可理喻的强悍时无计可施的心情倾泻而出,这也算是对曹珮声的歉意吧。

后来胡适写了一首《别赋》回忆了这段爱情故事,也给自己的这段情感画了一个句号。诗的开头一段是:"我们蜜也似的相爱,/心里很满足了。/一想到,一提及离别,/我们便偎着脸哭了。"当写到两个人分离后,结尾一段是:"半年之后,/习惯完全征服了相思了。/'我现在是自由人了!/不再做情痴了!'"[65]

胡适在情感上是一个很丰富的人,但是他在情感上又是个理智绝对胜过情感的人。无论是与江冬秀的婚姻,与韦莲司的情谊,还是与曹珮声的爱情,胡适都是情感最终屈服于理智。

第五章 薄发(1927—1945)

一 禅学寻踪

胡适撰著《中国哲学史》,写至中古有关佛教禅宗的部分时,感觉问题颇多。但是宗教又是中国哲学史中古部分不可绕开的内容,也不允缺失,因为胡适认为:"禅学运动是中国佛教史中一个不可分割的部分,而中国佛教史又是中国整个思想史中一个不可分割的部分。我们只有把禅放在它的历史背景中去加以研究,就像中国其他哲学流派都必须放在其历史背景中去予以研究、理解一样,才能予以正确的理解。"[1]

传统的禅宗历史由印度的菩提达摩传来中国,自六代慧能始,"自从这位不识字的和尚接得了衣钵,其后禅宗中的五大支都出自此门……这是中国佛教史上传统的说法"。但是胡适在写到六祖慧能时犹豫了,原因是"但是只把这一传统说法稍加考证,我立刻便发生了疑问。我不能相信这一传统说法的真实性"。[2]于是胡适决定撇开传统的禅宗历史写法,开始收集有关的资料撰写他自己的禅宗史初稿。这一动笔,胡适的疑惑越来越多,尤其是面对六祖慧能的问题,胡适感觉很难下笔。因为有关慧能的资料很少,虚妄传说很多。但是,慧能的弟子神会却引起了胡适的兴趣和注意。在胡适看来,"慧能——如实有其人的话——显然也不过是仅仅知名一方的一位区域性的和尚,在当地传授一种简化佛教。他的影响也只限于当时广东北部韶州一带。他底教义北传实是神会一个人把他宣扬起来的。神会为他拼命,并冒着杀头的危险,经过数十年的奋斗,最后才把这位南方文盲和尚的教义传入中原!"[3]从这段话可见胡适重估一切价值的魄力,甚至连慧能此人的有无他都在疑惑,但是他肯定了神会其人在南禅宗推广中的作用。那么关于神会,关于南禅宗,怎么去考证研究呢？胡适尽可能地查阅了中国所能找到的相关资料，并且查阅了日本出版的东京版《大藏经》和《续藏经》。通过艰辛的努力，胡适总算是掌握了有关神会的一点史料。在这些文献资料中，一位9世纪的宗密和尚所记述的神会资料让他很感兴趣。从宗密的记载，胡适了解到那时的禅宗已经有了七支之多。神会和尚的"菏泽宗"只是当时的七宗之一。

截至1926年，胡适所能了解到的有关神会的资料总共加起来也不过659个字。仅凭这样有限的资料，胡适想要揭开禅宗历史的迷雾基本不太能。如何才能找到更好的与神会相关的资料呢？胡适谈到当时他收集的情况是"只能得到宋以后的材料，唐代和唐以前的很难得到"。要想找到更原始更早的资料，胡适以为："只有两种方法：一、从日本庙寺中去找，因为日本还保存着一部分唐代禅学。二、从敦煌石室写本中去找，因为三十年前所发现的敦煌石室里，有自晋到北宋佛教最盛时代的佛经古写本，现在这些古写本，世界上有三个地方保存着：一部分在北平图书馆，一部分在巴黎图书馆，一部分在伦敦博物馆。在北平图书馆的，都是不重要的东西，是人家不要的东西；重要的东西还是在伦敦和巴黎两处。"[4]

不过，敦煌石室经文中到底有没有胡适所期望得到的资料，胡适在没有见到之前还是不太确定的。

关于胡适所说的30年前所发现的敦煌石室佛经古写本一事，就像是一次充满传奇的夺宝历险记。在敦煌千佛寺内，有一间石密室。这间密室，"其中藏有万卷以上五世纪以后的经卷写本，许多也至迟是十一世纪早期〔北宋初年〕的遗物。这一间被密封起来的石室，封外的墙壁上都绘有壁画。那可能是战争期间，庙内的和尚在逃走之前，把这个图书室封起，并画上壁画，使人不疑壁画之后还有藏经"[5]。1900年前后的敦煌，已经是一个僧道杂居的地方。有一天，居住在千佛寺的王道士在洞窟中打扫卫生时，无意间触碰到壁画的一部分，他感觉这块地方似乎有门的迹象。就是这无意之间，密封了不知几多朝代的门被打开了。无知而又愚蠢的王道士，把这些经卷破碎后当成仙方卖给当地乡民,并言把这仙方烧成灰烬和水吞食能治百病。所幸敦煌人烟稀少,买这仙方的病人寥寥无几。1907年,瑞典考古学家斯坦因来到了敦煌,听说了王道士的故事,便前往查访。在见到如此数量巨大的经卷后,斯坦因给了王道士70两银子,便运走了七大车的经卷,并将这些经卷收藏在了伦敦的"大英博物馆"。第二年,法国的汉学家伯希和也闻讯而来。他是名行家里手,既懂汉字,又懂中亚细亚一代的方言,他在千佛寺内住下,精挑细选了一批经卷,运往了法国的"国家图书馆"。伯希和取道北京回国时,又找了一些中国的学者帮他查对这些经卷,这件事才惊动了中国的学术界。有识之士赶紧把这一情况报告了清政府,清政府才下令不许外人再窃取,并把剩下的经卷全部运往京城。由于经卷的文物价值闹得天下皆知,经卷在运送的途中,有被监守自盗的,有被偷窃的,有被割裂后以小卷充长卷的,敦煌经卷就在这纷乱的时期中经历了一段破碎的历史。

就在胡适为自己的禅宗研究无法深入而焦头烂额时,一个机缘让胡适的禅宗研究有了新的开端。1926年,胡适以"中英庚款顾问委员会"中国方面三位委员之一的身份前往英国公干,他趁机利用这个机会前往"大英博物馆"和法国的"国家图书馆"翻阅这批流失海外的经卷,并从中寻找有关禅宗的资料。胡适在这两处的搜寻查找中有了惊人的发现。胡适在巴黎"国家图书馆"收藏的经文中,找到了一卷无名的语录,他依据内容和从其他地方得到的旁证判断,确定是神会的语录残卷。接下来的几日查找中,胡适又发现了一个长卷语录,这个长卷中又明显提到神会的记载。胡适称"此卷甚长,的确是唐人的写本,最可宝贵"。他非常高兴:"从此世间恢复了两卷《神会语录》的古本,这是我此行最得意的事!"胡适在英国查阅的时候,又找到了神会所作的《显宗记》,这是一个唐人的写本。这本《显宗记》的意义在于"洗刷去后人添入的字句,恢复了原本,恢复了他的信用,也可以说是替神会添了一件原料了"[6]。

胡适在查阅了大量的资料后,得出了这样一个结论:"神会是制造禅宗(南宗)假历史的第一好手",既肯定了神会的成就,也揭露了神会的作伪。胡适从四个方面指出了神会的作伪手段。第一,是传衣传法的假历史。第二,是中土六代祖师的传记与碑版。第三,是用《金刚经》替代《楞伽经》。第四,是造出西国八代传法说,引起8世纪的无数禅门西土祖师传法时代说。胡适揶揄神会的造假功夫说:"神会的天才,毅力,奋斗精神,——他实行了'一句假话,只要反复说了一百万遍,就成为真话'的宣传大原则。"[7]胡适就从这无数的故纸堆中发现了中国佛教史上的一个大秘密,揭露了一个天大谎言。"从前许多大师,对于禅宗的材料,都爱作假。所以经我揭穿之后,有许多人不高兴。不过我不是宗教家,我只能拿历史的眼光,用研究学术的态度,来讲老实话。"[8]胡适认为这样的老实话是应该讲的,也是值得讲的。胡适说:"我写神会和尚实在也就是改写禅宗史,给神会以应有的历史地位。并指出他向北宗挑战是何等的重要,终使他死后被追封为禅宗的七祖;间接的他也使他师傅慧能被迫升为禅宗的六祖。"[9]

南禅宗假也好,真也好,但神会利用一个社会动荡的时机,让自己的地位得到了确立,为了确保自己的地位,他又树立了慧能这个充满神话色彩的智者与学说的代言人,并由慧能地位的确立,确立了南禅宗的正统的地位。这就是胡适研究禅宗历史后要告诉我们的结论。

二　王莽的社会主义

俄国十月革命后,社会主义思想在中国流行开来的时候,胡适是这样描述社会主义在当时的流行的:"十九世纪以来,个人主义的趋势的流弊渐渐暴白于世了,资本主义之下的苦痛也渐渐明了了。远识的人知道自由竞争的经济制度不能达到真正'自由,平等,博爱'的目的。向资本家手里要求公道的待遇,等于'与虎谋皮'。救济的方法只有两条大路:一是国家利用其权力,实行裁制资本家,保障被压迫的阶级；一是被压迫的阶级团结起来，直接抵抗资本阶级的压迫与掠夺。于是各种社会主义的理论与运动不断地发生。"[10] 各种观念的社会主义思想充斥中国社会。

在这样一片社会主义的呼唤声中，胡适无法置身事外，不得不思索社会主义思想的由来和现状。自然，每个人所理解和认识的社会主义是不同的，况且因为中国历史悠久，任何新事物的出现，学者们都喜欢在老祖宗那里去找得出处，孙中山就曾举井田制为例，说明土地国有的社会主义思想古已有之。胡适也不例外，他在1922年9月3日的《读书杂志》第一期发表了一篇学术文章《王莽：一千九百年前的一个社会主义者》。这篇文章是胡适对于社会主义思考的结果，也算是他研究的问题。

胡适在文中说，当他仔细研究了《王莽传》、《食货志》和《周礼》后，得出一个结论，王莽确是一个大政治家，确是一个社会主义者。王莽为施行他的政治改革，下诏公布自己的主张，胡适引用了诏书中有关的章节："古者，设庐井八家，一夫一妇田百亩，什一而税，则国给民富而颂声作。此唐虞之道，三代所遵行也。秦为无道，厚赋税以自供奉，罢民力以极欲，坏圣制，废井田，是以兼并起，贪鄙生，强者规田以千数，弱者曾无立锥之居。又置奴婢之市，与牛马同栏，

胡适于北大

制于民臣，颛断其命。奸虐之人，因缘为利，至略卖人妻子，逆天心，悖人伦，缪于'天地之性人为贵'之义。"[11]

在胡适看来，王莽社会主义思想在政治上的具体施行就是"土地国有"、"均产"、"废奴"三个大政策。所谓"土地国有"、"均产"、"废奴"就是："今更名天下田曰'王田'，奴婢曰'私属'，皆不得卖买。其

男口不盈八而田过一井者,分余田予九族邻里乡党。故无田,今当受田者,如制度。敢有非井田圣制,无法惑众者,投诸四裔,以御魑魅,如皇始祖考虞帝故事。"[12]

王莽即位后还设"六莞之令"。所谓"莞"即是"归国家管理"之意。六莞即指盐、酒、铁、名山大泽、钱布铜冶、五均赊贷这六项归国家所有。胡适对于王莽的这种所谓社会主义思想的评价是:"这些政策,都是'国家社会主义'的政策。他们的目的都是'均众庶,抑并兼'。但当那个时代,国家的组织还不完备,这种大计划的干涉政策,当然不能一时收效。"[13]王莽新政后期就有人上书谏新政一事:"井田虽圣王法,其废久矣。周道既衰,而民不从。秦知顺民之心可以获大利也,故灭庐井而置阡陌,遂王诸夏。迄及海内未厌其敝,今欲违民心,追复千载绝迹,虽尧、舜复起而无百年之渐,弗能行也。天下初定,万民新附,诚未可施行。"[14]

王莽在新政后期也看到了新政施行的举步维艰,于是不得不下书:"诸名食'王田',皆得卖之,勿拘以法。犯私买卖庶人者,且一切勿治。"[15]王莽为了他的社会主义新政,可谓殚精竭虑:"莽意以为制定则天下自平,故锐思于地里,制礼作乐,讲合六经之说。公卿旦入暮出,论议连年不决。……莽自见前颛权以得汉政,故务自揽众事。……莽常御灯火至明,犹不能胜。"[16]然而,由于新政收效甚微,其结果却不为人所理解,终至失败。

王莽的失败,胡适将之归咎于国家组织的不完备,但是他没有说什么样的国家组织才能称其为完备。胡适也为王莽这个社会主义实践者的命运扼腕叹息:"可怜这样一个勤勤恳恳,生性'不能无为',要'均众庶,抑并兼'的人,到末了竟死在渐台上,他的头被一个商人杜吴斫去,尸首被军人分裂,'支节肌骨脔分'!而二千年来,竟没有人替他说一句公平的话!"[17]

胡适论王莽的社会主义思想,举了王莽社会主义的一系列具体的政治问题为例。胡适谈主义是以具体的问题来谈主义,不是高谈阔论,不是空谈。然而十月革命之后,社会主义理论已经有了新的意义。俄国的十月革命,在当时中国政治乱象横生,无数政治家束手无策,彷徨不已的局面下,确如一阵春风吹来,让人们看到了新生希望的春意盎然。它的又一结果,是让在中国已经被吵得沸沸扬扬的社会主义思想孕生了一个中国共产党,一个以共产主义社会主义理想为奋斗目标的政党。胡适是这样看待十月革命的:"俄国的劳农阶级竟做了全国的专政阶级。这个社会主义的大运动现在还正在进行的时期。但他的成绩已很可观了。"[18]

客观地说,胡适对于社会主义是持理解和赞同观点的。当然胡适理解的社会主义又和其他人不同。胡适在后来的一篇文章《我们对于西洋近代文明的态度》中说社会主义:"这也不仅仅是纸上的文章,这也都已成了近代文明的重要部分。这是'社会化'的新宗教与新道德。"[19]在胡适看来社会主义已经切切实实地在生活中出现,已经实实在在地在影响着生活。

对于社会主义,胡适还曾说过这样一段话:"这是现代人化的宗教,信任天不如信任人,靠上帝不如靠自己,我们现在不妄想什么天堂天国了,我们要在这个世界上建造'人的乐国'。我们不妄想做不死的神仙了,我们要在这个世界上做个活泼健全的人。我们不妄想什么四禅定六神通了,我们要在这个世界上做个有聪明智慧可以戳天缩地的人。我们也许不轻易信仰上帝的万能了,我们却信仰科学的方法是万能的,人的将来是不可限量的。我们也许不信灵魂的不灭了,我们却信人格是神圣的,人权是神圣的。"[20]这段话中有一层内容是如此熟悉,那就是在《国际歌》中所传达出的思想:"从来就没有什么救世主,也不靠神仙皇帝。要创造人类的幸福,全靠我们自己!"但是胡适理解的社会主义并不是一个与李大钊等社会主义者等同的社会主义思想。他的社会主义还融有很强烈的民主主义的内涵,强调人的个性化、人格的神圣、人权的神圣。

无论胡适心目中的社会主义是什么模样,但他的确是在相当长的一段时间中接受了社会主义思想,至少是社会主义思想的一部分。

1926 年 7 月,胡适作为"中英庚款顾问委员会"委员之一赴欧洲。途径俄国在莫斯科逗留期间,又见到了另一个共产党人——蔡和森。从胡适当时的日记中可以看出两个人在国内时就已认识,现在两个人"相别甚久,彼此竟不认得了"。两个人谈得很高兴,但却是一场愉快的辩论。这场辩论从下午三点直到晚上九点,莫斯科中山大学校长拉德克来了,才打断了两个人的舌战。胡适对于社会主义有好感,但是他对这些共产党人所认识的社会主义看来是有异议的,乃至两个人进行了长达几小时的争论。胡适没有在日记中说两个人为什么争论,但可以肯定的是,在社会主义问题上,两个人既有共同点,又有分歧,乃至争论。

胡适在莫斯科停留了四天,参观的莫斯科监狱,给他留下了较好的印象。当他离开莫斯科后,他对几日的莫斯科行的经历和观感进行了整理,并记录在日记中:"今日回想前日与和森的谈话,及自己的观察,颇有作政党组织的意思。我想,我应该出来作政治活动,以改革内政为主旨。可组一政党,名为'自由党'。充分的承认社会主义的主张,但不以阶级斗争为手段。共产党谓自由主义为资本主义之政治哲学,这是错的。历史上自由主义的倾向是渐渐扩充的。先有贵族阶级的争自由,次有资产阶级的争自由,今则为无产阶级的争自由。"[21]胡适还在这篇日记中写下了他自己的建党的纲领:"不以历史的'必然论'为哲学,而以'进化论'为哲学。资本主义之流弊,可以人力的制裁管理之。党纲应包括下列各事:1. 有计划的政治。2. 文官考试法的实行。3. 用有限制的外国投资来充分发展中国的交通与实业。4. 社会主义的社会政策。"[22]

胡适在社会主义思想开始兴起的年代,是接受社会主义思想的,但是他没有全部接受马克思主义的社会主义思想,最主要的有两点:一是不接受阶级斗争学说;二是认为社会发展也会遵循进化的原理,不认为一种社会形式的发展存在必然性。不承认马克思的阶级斗争学说,这一问题是他与中国共产党人之间最不可调和的矛盾,也是最终导致他与国共两党之间都存在矛盾与分歧的原因。这就是在一个刚瓦解的封建专制的政治体制中成长起来的中国民主主义思想的悲哀。胡适老年时曾对这一时期的思想进行了反思,这却是后话了。

三　孙中山的"知难行易"

孙中山去世后,蒋介石成为民国总统。为加强独裁统治,蒋介石采取了残酷的高压手段,对共产党人实施武装镇压,对地方军阀进行镇压收编,取得一定的胜利,相对获取了一定的政治统一局面。为了让自己的独裁能从理论上站得住脚,蒋介石便将孙中山的"知难行易"学说立为标杆,并片面强调学说中"行"的意义,将孙中山的"知难行易"学说,进一步发挥为他的"力行哲学"学说。蒋介石说:"后知后觉,以及不知不觉的人们,只是跟着先知先觉的人们去行,就可以节省时间,完成革命。"[23]

孙中山的"知难行易"学说,胡适是赞同的。十年前,也就是1919年,胡适曾专门著了《知难,行亦不易》一文评论孙中山的"知难行易"学说。孙中山当年提出这一学说,是有其历史背景的,胡适说:"中山先生于七年五月间非常国会辞去大元帅之职;那时旧式军阀把持军政府,中山虽做了七总裁之一,实际上没有做事的机会,后来只好连总裁也不做了,搬到上海来住。这时候,世界大战争刚才停战,巴黎的和会还未开,全世界都感觉一种猛烈的兴奋,都希望有一个改造的新世界。中山先生在这个时期,眼见安福部横行于北方,桂系军阀把持于南方,他却专心计划,想替中国定下一个根本建设的大方略。这个时期正是他邀了一班专家,着手做《建国方略》的时候。"[24]

孙中山自1894年5月上书李鸿章,提出变法自强的看法,而后却毫无音信被冷落算起,至1912年中华民国建立,总共经历了18年艰苦卓绝的革命;从1912年至1925年3月12日逝世,其间又经历了13年动荡的民国岁月。他所创立的民国可谓至其死时依然在风雨飘摇中。

政治的动荡,孙中山是心知肚明的。他在 1918 年时,撰著了《建国方略》一书,在书中总结了民国革命的经验,提出了建国的方略。书中最为重要的部分是《孙文学说》,孙中山以生活实例,从哲学的角度,用了八章篇幅讨论革命成败的经验教训,论述他的"知难行易"的思想,以利于他政治思想的施行。

孙中山在其书中感叹:"夫去一满洲之专制,转生出无数强盗之专制,其为毒之烈,较前尤甚。于是而民愈不聊生矣!溯夫吾党革命之初心,本以救国救种为志,欲出斯民于水火之中,而登之衽席之上也。今乃反令之陷水益深,蹈火益热,与革命初衷大相违背者,此固予之德薄无以化格同侪,予之能鲜不足驾驭群众,有以致之也。然而吾党之士,于革命宗旨、革命方略亦难免有信仰不笃、奉行不力之咎也,而其所以然者,非尽关乎功成利达而移心,实多以思想错误而懈志也。"[25]他所谓的思想错误而懈志,是当时"不图革命初成,党人即起异议,谓予所主张者理想太高,不适中国之用;众口铄金,一时风靡,同志之士亦悉惑焉。是以予为民国总统时之主张,反不若为革命领袖时之有效而见之施行矣"[26],并又把这些错误思想归结为"此思想之错误为何?即'知之非艰,行之惟艰'之说也"[27]。孙中山认为这种思想,数千年来就深埋中国人的心中,根深蒂固。他认为要消除这种顽固的思想,比推翻清朝还难万倍。他说:"夫满清之威力,不过只能杀吾人之身耳,而不能夺吾人之志也。乃此敌之威力,则不惟能夺吾人之志,且足以迷亿兆人之心也。"[28]

正是鉴于这样一种社会状况,孙中山认为,建立一个理想的新的国家必须:"故先作学说,以破此心理之大敌,而出国人之思想于迷津,庶几吾之建国方略,或不致再被国人视为理想空谈也。夫如是,乃能万众一心,急起直追,以我五千年文明优秀之民族,应世界之潮流,而建设一政治最修明、人民最安乐之国家,为民所有、为民所治、为民所享者也。则其成功,必较革命之破坏事业为尤速、尤易也。"[29]

这时的胡适在他的文章《〈孙文学说〉之内容及评论》中说:"这种学说是不限于一党一系的,无论哪一种正当的团体,都该有根据于正确知识的远大计划,都应该希望大家承认那种计划是'能行'的,都应该用合法的手续去消除大家对于那种计划的怀疑。——换句话说,无论是何种有理由、有根据的计划,必须大家有'知之则必能行之;知之则更易行之'的信仰心,方才有实行的希望。现在的大危险,在于有理想的实行家太少了。"[30] 在胡适看来,孙中山就是一个有理想的实行家。

然而,十年后,也即 1929 年,当蒋介石将孙中山的"知难行易"思想,发挥为他的"力行哲学",为他的独裁制造依据时,胡适却是不赞同:"蒋介石先生要同我谈谈哲学,他先把他著的五小册《力行丛书》送给我看。其中第四册为'自述研究革命哲学经过的阶段'比较最扼要。他想把王阳明'知行合一''致良知'的道理来阐明我们总理'知难行易'的学说。他解释中山先生的'知难行易'是要人服从领袖(服从我孙文),此说似是采用我的解释。"[31]

作为一个民主主义者,胡适希望看到建立起来的中华民国是由一些专门的政治家领导的民主国家,而不是一党专政、视人民为愚民的专制独裁政权。于是,十年后的胡适,对孙中山"知难行易"学说的弊端展开了批驳:"这些证据都是要使我们明白知识是很难能的事,是少数天才人的事。少数有高深知识的人积多年的研究,定下计划,打下图样,便可以交给多数工匠去实行。工匠只须敬谨依照图样做去,自然容易成功。'此知行分任而造成一屋者也。'中山先生的意思一面教人知道'行易',一面更要人知道'知难'。"[32] 胡适通过分析得出这样一个结论:"所以'行易知难'的学说的真意义只是要使人信仰先觉,服从领袖,奉行不悖。中山先生著书的本意只是要说:'服从我,奉行我的《建国方略》。'"[33]

胡适更进一步剖析说,孙中山告诉人们,西洋人越行越知,越知越行,可是"我们却受了暮气的毒,事事畏难,越不行,越不知,越不知,便越不行。救济之法,只有一条路,就是力行。但力行却也有一个先决的条件,就是要服从领袖,要服从先知先觉者的指导"[34]。胡适十年后重新评说孙中山的"知难行易"学说,并且强调剖析孙中山树立先知先觉和树立领袖的思想,目的很明确,就是针对蒋介石掌权之后施行的独裁专制统治,希冀通过对孙中山的崇拜来达到统一思想的目的。蒋介石的这一政治企图,与胡适等民主主义者的社会思想自然是大相径庭的。

胡适认为:"今日最大的危险是当国的人,不明白他们干的事是一件绝大繁难的事。以一班没有现代学术训练的人,统治一个没有现代物质基础的大国家,天下的事有比这个更繁难的吗?要把这件大事办的好,没有别的法子,只有充分请教专家,充分运用科学。然而'行易'之说可以作一班不学无术的军人政客的护身符!此说不修正,专家政治决不会实现。"[35]胡适充分认识到了蒋介石宣扬孙中山"知难行易"思想的目的和对建设民主政治的危害性,因此他便对孙中山的"知难行易"思想的害处进行剖析。

在胡适等民主主义者看来,"我们要一个约法来规定政府的权限:过此权限,便是'非法行为'。我们要一个约法来规定人民的'身体,自由,及财产'的保障:有侵犯这法定的人权的,无论是一百五十二旅的连长或国民政府的主席,人民都可以控告,都得受法律的制裁"[36]。这种民主的意识明显是不会受到蒋介石及其追随者的欢迎的,胡适因此给自己带来了麻烦。

当时的《国民党政府教育部训令》说:"查胡适近年以来刊发言论,每多悖谬,如刊载《新月》杂志之《人权与约法》、《知难,行亦不易》、《我们什么时候才可有宪法》等,大都陈腐荒怪,而往往语侵个人,任情指摘,足以引起人民对于政府恶感或轻视之影响。""查胡适年来言论确有不合,如最近《新月》杂志发表之《人权与约法》、《我们什么时候才可以有宪法》及《知难,行亦不易》等篇,不谙国内社会实际情况,误解本党党义及总理学说,并溢出讨论范围,放言空论。按本党党义博大精深,自不厌党内外人士反复研究探讨,以期有所引申发明。惟胡适身居大学校长,不但误解党义,且逾越学术研究范围,任意攻击,其影响所及,既失大学校长尊严,并易使社会缺乏定见之人民,对党政生不良印象,自不能不加以纠正,以昭警戒。为此拟请贵府转饬教育部对于中国公学校长胡适言论不合之处,加以警告,并通饬全国各大学校长切实督率教职员详细精研本党党义,以免再有与此类似之谬误见解发生。事关党义,至希查核办理为荷。"[37]

胡适看到这份训令后,立即写信给当时的教育部长蒋梦麟,以铿锵的词语表达了自己对于训令的看法。胡适首先申明文章乃自己所写,与当时他所执教的学校中国公学没有关系。其次,他指出训令中罗列的罪名语焉不详:"其中我的罪名殊不一致,我看了完全不懂得此令用意所在。究竟我是为了言论'悖谬'应受警告呢?还是仅仅为了言论'不合'呢?还是为了'头脑之顽旧''思想没有进境'呢?还是为了'放言空论'呢?还是为了'语侵个人'呢?(既为'空论',则不得为'语侵个人';既为'语侵个人',则不得为'空论'。)若云'误解党义',则应指出误解那一点;若云'语侵个人',则应指出我的文字得罪了什么人。"[38]

四 从消极抗战到积极抗战

1931年9月19日,胡适在日记中写道:"今早知道昨夜十点,日本军队袭攻沈阳,占领全城。中国军队不曾抵抗。午刻见《晨报》号外,证实此事。此事之来,久在意中。八月初与在君都顾虑到此一着。中日战后,至今快四十年了,依然是这一个国家,事事落在人后,怎得不受人侵略!"[39]这是"九一八"事变发生后,胡适在日记中记载的他得知这一消息后的心灵感受。

胡适以为,一个国力孱弱、政治动荡的国家,要与一个已经跻身世界强国行列的日本展开针锋相对的武装较量,是没有胜算的。但是,面对国家危难,无论是极力议和,还是力挺抗战,胡适始终有一颗爱国心。

胡适消极的抗争思想与中国悠久传统的痼疾思想不无关联。胡适说:"现在到了这个大试验的日子了。在全世界人的眼光注视之下,我们的一切法宝——口号标语,精神文明,宝华山念经,金刚时轮法会,'太古式'的军备与运输,等等——都不灵了,我们方才明白我们原来至今还只是一个束手坐待强人宰割的国家!"[40]于是胡适说了这样一段话:"不要尽说是帝国主义者害了我们。那是我们自己欺骗自己的话!我们要睁开眼睛看看日本近六十年的历史,试想想何以帝国主义的侵略压不住日本的发愤自强。何以不平等条约捆不住日本的自由发展?"[41]他也得出了这样一个结论:"这种急需的新觉悟就是我们自己要认错。我们必须承认我们自己百事不如人,不但物质上不如人,不但机械上不如人,并且政治社会道德都不如人。"[42]

"九一八"事变发生前后,胡适的思想是,要想国家民族强大,必须解决的问题是:"我们的真正敌人是贫穷,是疾病,是愚昧,是贪污,是扰乱。这五大恶魔是我们革命的真正对象,而他们都不是用暴力的革命所能打倒的。打倒这五大敌人的真革命只有一条路,就是认清了我们的敌人,认清了我们的问题,集合全国的人才智力,充分采用世界的科学知识与方法,一步一步的作自觉的改革,在自觉的指导之下一点一滴的收不断的改革之全功。不断的改革收功之日,即是我们的目的地达到之时。"[43]正是基于这样的思想,胡适才希望和平解决日本侵略中国的问题。然而,当时的日本军国主义思想日益炽烈,胡适的梦想自然难以实现。

1932年1月28日,日本又在上海挑起了战事。当时胡适因病住院,几个护士拿着登载十九路军取得胜利的报纸兴高采烈地跑进他的病房,告诉他,十九路军又打回去了,日本人大败了!胡适看过报纸后,摇头告诉姑娘们,这个消息不可靠,恐怕没有这样好的事情。第二天,确如胡适所料,护士们个个垂头丧气。胡适见到这样的情景,眼里也溢满了泪水,他被姑娘们发自心坎的爱国热情所感动。

激情和热爱是一种情绪，战争中枪炮的对峙，不仅需要激情和热爱，还需要国家的综合实力。胡适看到了这一点，也正是出于这一点，胡适对于任何和平议和的事情都是赞同的。但是有一个原则的问题，胡适认为是坚决不能妥协的，那就是国家的主权、领土的完整。

1932 年 3 月 9 日，在日本的扶持下，溥仪建立伪满洲国，成为日本侵略瓦解中国的傀儡政权。1932 年 6 月 19 日，胡适在《独立评论》第五号发表《论对日外交方针》一文，提出九条对日外交的提议。这九条提议，其中八条都是妥协性的提议，唯有第三条是强硬的，原则性极强，即"交涉的目标要在取消满洲伪国，恢复领土及行政主权的完整"[44]。在胡适看来，国家领土的完整是一个比什么都重要的先决条件，因此他提出在遵守第三条的前提下，中苏日三国皆不在东三省驻扎军队，试图和平建设东三省。此后，胡适还曾撰文提及此事："我在这一年半之中，曾经主张在某种条件之下中国政府应该表示可以和日本开始交涉（《独立评论》第五期，《论对日外交方针》）。但我曾明白的说：'交涉的目标要在取消满洲伪国，恢复中国领土及行政主权的完整。'"[45] 日本军国主义者是不可能放弃他们的战争策略的。无论胡适曾幻想做出多大的牺牲换取国家领土的完整和安宁，但他最终还是被日本军国主义者蛮横肆虐的强盗行径敲破了幻想。

1934 年 4 月 17 日，日本外务省发表了一个非正式的声明，声明的言辞与内容十分蛮横霸道，胡适在其《"协和外交"原来还是"焦土外交"》一文中抄录了日本外务省的这个声明。日本声称："关于中国问题，日本之立场与主张，或有不与列国一致者，唯日本为尽在东亚之使命与责任，实立于不能不尽其全力之立场。"[46] 又说："日本对于各外国，常维持增进友好关系，自不待论，而日本为维持东亚和平及秩序，以单独责任进行之事实，日本亦认为系当然之归结。又单独进行维持东亚之和平与秩序，乃日本之使命，日本对此使命，有决行之决心。"[47] 日本不仅赤裸裸地表明其侵略立场，还进一步威胁说："帝国自此种见地出发,认中国方面苟有利用他国,排斥日本,出之以违反东亚和平一类手段,或出之以夷制夷之对外方策,日本不得已,决不能不与以排击。"[48]

胡适一针见血地指出："这个声明同时有三种作用:一是威吓中国,二是警告国联,三是警告美国。"[49]于是胡适对于日本外务省的这个声明予以强烈的抨击："这是日本的东亚门罗主义的最新纲领。这个最新纲领毫不掩饰的推翻一切'门户开放'、'机会均等'的传统政策,毫不掩饰的一笔抹煞九国公约的条文。在这个最新纲领之下,日本是唯一的东亚主人,唯有她可以判断何种对华贸易是她可以允许的,唯有她可以判断各国何种行动是'违反东亚和平之维持'的。"[50]

胡适已渐渐醒悟到,对于日本军国主义这种一意孤行的侵略行径,除了坚毅顽强的抗争,已别无他法。他用很坚定的语言说："到了今日,我们必须明白我们已无求得强邻谅解的可能,也无求得谅解的必要。"他感叹道："我们此时也许无力收复失地,但我们决不可在这全世界的道德的援助完全赞助我们的时候先就把失地签让给我们的敌人。我们也许还要受更大更惨的侵略,但我们此时已被'逼上梁山',已是义无反顾的了。我们此时对自己,对世界,都不能不坚持那道德上的'不承认主义',就是决不承认侵略者在中国领土内用暴力造成的任何局面,条约,或协定。"[51]

胡适用悲壮的语言倾诉了他日益高涨的抗日激情："即使到了最后的一日,中国的'十八九世纪之军队'真个全被日本的新式武器摧毁到不复能成军了,即使中国的政府被逼到无可奈何的时候真个接受了一种耻辱的城下之盟了,——我们还可以断言:那也只是中国人的血与肉的暂时屈伏,那也决不能够减低一丝一毫中国人排日仇日的心理,也决不会使中日两国的关系有一分一寸的改善! 因为中国的民族精神在这种血的洗礼之下只有一天一天的增长强大的:也许只有在这种血的洗礼之下我们的民族才会真正猛烈的变成日本的永久的敌人!"[52]此时的胡适不仅改变为积极抗日,还做好了同日本军国主义持久作战的心理准备:"1914年比利时全国被德国军队占据蹂躏之后,过了四年,才有光荣的复国。1871年法国割地两省给普鲁士,过了四十八年,才收回失地。我们也许应该准备等候四年,我们也许应该准备等候四十八年! 在一个国家的千万年生命上,四五年或四五十年算得什么?"[53]

1934年5月,中国军队与日军在怀柔展开了一场浴血的战斗。胡适受傅作义的委托,在战后记述了这场惊心动魄的怀柔之战。在胡适的笔下,英勇的战士,有与阵地共存亡的,有与敌人肉搏血战的,有独当群敌的英雄豪杰。怀柔之战,牺牲的英烈一共有200多人,傅作义派人将遗体运回绥远,在绥远的大青山下安葬了英烈。胡适在文章结尾写道:

> 我因傅作义军长的嘱托,叙述怀柔战役的经过,作为纪念碑文,并作铭曰:
> 这里长眠的是二百零三个中国好男子!
> 他们把他们的生命献给了他们的祖国,
> 我们和我们的子孙来这里凭吊敬礼的,
> 要想想我们应该用什么报答他们的血![54]

五 《新月》与人权

大革命期间,胡适选择定居上海,并与徐志摩等人发起了新月书店和《新月》杂志。徐志摩在《新月》创刊号上写了一篇发刊词《〈新月〉的态度》,说明杂志为何取名"新月"。他说:"我们舍不得新月这名字,因为它虽则不是一个怎样强有力的象征,但它那纤弱的一弯分明暗示着,怀抱着未来的圆满。"[55]

《新月》集合的都是新月社的同仁。新月社原是胡适与徐志摩等一帮爱热闹的朋友,受当时北京流行的社交活动影响,在北平北海公园附近组建的一个小小俱乐部,"由胡适、徐志摩和几个银行家组成,最初只是大家常聚在一起聊天玩玩",后来"因为北方形势不稳,徐志摩、胡适等人到了上海,新月就解散了"。[56] 1927 年,新月社的同仁们大多聚集在了上海,徐志摩也因为爱情的滋润又想到了聚餐会,于是新月社的同仁们又以聚餐会的形式开始在上海活跃起来。

梁实秋后来回忆聚餐会时说:"每次聚餐会都在胡适家里,由胡太太做菜,偶尔也在徐志摩家,吃完饭大家随便聊天,夜深了就回家。胡适又提议说这样聚餐浪费时间,最好每次有一个题目,找一个人主讲比较有意义,胡适定了总题《中国往哪里去》,分派每人从经济、政治、社会、文化、道德各方面来讲,我被分到讲道德,这题目很难,我还是讲了,每次都讲到深夜十一二点才散去。"[57]

自从胡适提议每次聚餐会都要有题目,都要有主讲后,聚餐会的目的性越来越强,于是这些新月人产生了创办一份刊物的想法。这样一个名叫《新月》的月刊就诞生了。

徐志摩撰写的发刊词《〈新月〉的态度》,实际是新月人思想的宣言。徐志摩在发刊词中说:"我们这几个朋友,没有什么组织除了这月刊本身,没有什么结合除了在文艺和学术

梁实秋

上的努力,没有什么一致除了几个共同的理想。凭这点集合的力量,我们希望为这时代的思想增加一些体魄,为这时代的生命添厚一些光辉。"[58] 徐志摩以诗样激情的语言表达了新月人的态度,也表达了对社会思想现状的不满。他列举了 13 项与新月人追求的尊严和健康的价值观相违背的思想与主义,批驳了其中一些思想与主义,并在结尾时再次强调新月人的主旨与使命:"我们对我们光明的过去负有创造一个伟大的将来的使命;对光明的未来又负有结束这黑暗的现在的责任。我们第一要提醒这个使命与责任。我们前面

说起过人生的尊严与健康。在我们不曾发见更简赅的信仰的象征，我们要充分的发挥这一双伟大的原则——尊严与健康。尊严，它的声音可以唤回歧路上彷徨的人生。健康，它的力量可以消灭一切侵蚀思想与生活的病菌。……"[59]

徐志摩

新月人的"尊严与健康"是带有明显民主主义倾向的人权思想，是以胡适在聚餐会上所界定的思想议题《中国往哪里去》为基准的。后来，这个思想议题改名为《我们走那条路？》，并于1929年12月10日在《新月》第二卷十号上发表。胡适在文中说："这正是我们中国人今日的状态。我们平日都不肯彻底想想究竟我们要一个怎样的社会国家，也不肯彻底想想究竟我们应该走那一条路才能达到我们的目的地。事到临头，人家叫我们向左走，我们便撑着旗，喊着向左走；人家叫我们向右走，我们也便撑着旗，喊着向右走。如果我们的领导者是真真睁开眼睛看过世界的人，如果他们确是睁着眼睛领导我们，那么，我们也许可以跟着他们走上平阳大路上去。但是，万一我们的领导者也都是瞎子，也在那儿被别人牵着鼻子走，那么，我们真有'盲人骑瞎马，夜半临深池'的大危险了。"他告诉人们不要盲从，要看清自己要走的路。

在列举了国民党、中国青年党、中国共产党的三个不同的前行方向后，胡适指出现在当务之急应该是："充分用我们的知识，客观的观察中国今日的实际需要，决定我们的目标。我们第一要问，我们要铲除的是什么？这是消极的目标。第二要问，我们要建立的是什么？这是积极的目标。"对于自己所拟的提问，胡适作了答复："我们要铲除打倒的是什么？我们的答案是：我们要打倒五个大仇敌：第一大敌是贫穷。第二大敌是疾病。第三大敌是愚昧。第四大敌是贪污。第五大敌是扰乱。"[60]胡适否认在中国有资本主义，否认在中国有资产阶级,否认在中国有封建主义,是他这篇文章最具有代表性的思想。

他还论述剖析了五鬼,并总结说:"以上所说,不过是要指出今日所谓有主义的革命,大都是向壁虚造一些革命的对象,然后高喊打倒那个自造的革命对象;好像捉妖的道士,先造出狐狸精山魈木怪等等名目,然后画符念咒用桃木宝剑去捉妖。妖怪是收进葫芦去了,然而床上的病人仍旧在那儿呻吟痛苦。"他认为:"中国今日需要的,不是那用暴力专制而制造革命的革命,也不是那用暴力推翻暴力的革命,也不是那悬空捏造革命对象因而用来鼓吹革命的革命。在这一点上,我们宁可不避'反革命'之名,而不能主张这种种革命。因为这种种革命都只能浪费精力,煽动盲动残忍的劣根性,扰乱社会国家的安宁,种下相残害相屠杀的根苗,而对于我们的真正敌人,反让他们逍遥自在,气焰更凶,而对于我们所应该建立的国家,反越走越远。"[61]

这篇文章体现了胡适的民主主义思想。任何暴力形式的革命,在胡适看来都是错误的。他希冀通过实际问题的解决来达到中国的兴盛,提出"认清了我们的问题,集合全国的人才智力,充分采用世界的科学知识与方法,一步一步的作自觉的改革,在自觉的指导之下一点一滴的收不断的改革之全功。不断的改革收功之日,即是我们的目的地达到之时"[62]。这篇文章,既抨击了蒋介石的专制政权,又批评了共产党的武装革命。胡适还是认为,只有通过智识的民主改革之路,打倒五鬼,才能真正实现中国的强盛。

胡适发表这篇文章时,《新月》的主编已经是梁实秋了。梁实秋和胡适一样关注时事政治,因此从梁实秋 1929 年 9 月任主编开始,《新月》的方向性更明确了:"读者诸君大概可以看出,自从第二卷第二期起新月月刊的面目和从前不同了。我们接连登了胡适梁实秋罗隆基几位先生的文章,于是许多人都异口同声的说:'新月谈政治了!'不错,我们是谈政治了,我们以后还要继续的谈……"[63],公开宣示了《新月》的政治倾向性。但是这种政治倾向性也显示出新月人内部的差异:"我们办月刊的几个人的思想是并不完全一致的,有的是信这个主义;有的是信那个主义,但是我们的根本精神和态度却有几点相同的地方。我们都信仰'思想自由',我们都主张'言论出版自由',我们都保持'容忍'的态度(除了'不容忍'的态度是我们所不能容忍以外),我们都喜欢稳健的合乎理性的学说。这几点是我们几个人都默认的。"[64]因此,《新月》的人谈政治集中于人权也就理所当然了。

由于当时一向最看重枪杆子的蒋介石,仍以"军"为主进行军事独裁和个人专制,实行以党治国和一党专政,这与胡适所推崇的自由主义政治理想背道而驰,胡适不愿再沉默,在《新月》上发表了一系列政论文章,如《人权与约法》、《我们什么时候才可以有宪法》、《新文化运动与国民党》、《知难,行亦不易》等文章。这些文章从不同方面对蒋介石的专制统治作了抨击。《人权与约法》呼吁:"快快制定约法以确定法治基础!快快制定约法以保障人权!"《我们什么时候才可以有宪法》直接抨击蒋介石的训政:"我们不信无宪法可以训政;无宪法的训政只是专制。我们深信只有实行宪政的政府才配训政。"《新文化运动与国民党》要求国民政府"废止一切钳制思想言论自由的命令,制度,机关。取消统一思想与党化教育的迷梦"。这是胡适要求政府应该去做的五件事中重要的两项。《知难,行亦不易》批驳了蒋介石的力行学说。

后来,《新月》还将胡适与罗隆基、梁实秋等人的文章集结成册,以单行本的形式出版,取名《人权论集》。胡适在文集的序中悲怆地说:"我们骨头烧成灰终究是中国人,实在不忍袖手旁观。我们明知小小的翅膀上滴下的水点未必能救火,我们不过尽我们的一点微弱的力量,减少良心上的一点谴责而已。"[65]《新月》因谈论政治过多招致多方压力与抨击,最终随着徐志摩的离去、胡适的北上而终结。

关于这一时期的胡适,梁实秋评价得极好:"胡先生喜欢谈谈政治,但是无意仕进。他最多不过提倡人权,为困苦的平民抱不平。他讲人权的时候,许多人还讥笑他,说他是十八世纪的思想,说他讲的是崇拜天赋人权的陈腐思想。人权的想法是和各种形式的独裁政治格格不入的。在这一点上,胡先生的思想没有落伍,依然是站在时代的前端。"[66]

六 小卒子过了河

1937 年 7 月 7 日,卢沟桥事变爆发,日本对华侵略全面展开。面对急转的形势,国民政府于 1937 年 7 月 15 日至 8 月 15 日在庐山召开谈话会,邀请全国各大学教授、各阶层与各党派代表参加。蒋介石在谈话会上发表了抗战声明,说:"我们希望和平,而不求苟安;准备应战,而决不求战。我们知道全国应战以后之局势,就只有牺牲到底,无丝毫侥幸求免之理。如果战端一开,那就是地无分南北,年无分老幼,无论何人,皆有守土抗战之责任,皆应抱定牺牲一切之决心。"[67]中国进入全面抗战时期。

会后,蒋介石又召见胡适、钱端升、张忠绂三人,邀请他们担任民间外交使节,赴英美寻求帮助。临危受命,胡适犹豫不决,在日记中言:"他要我即日去美国。我能做什么呢?"后来,胡适还是在诸多朋友的恳劝下,决定为了国家的危难,挺身而出。临行前,他写信给江冬秀:"我日内就要出门,走万里路,辛苦自不用说,但比较国内安全多了。一切我自保重,你可放心。"[68]显然,此行的艰巨与艰难,胡适早已有了充分的认识。因为这个时候的胡适,已经意识到"六年的避战只见敌氛日深,受逼日甚,结果是因为无力抵抗,故终不能避战"。这是卢沟桥事变后,胡适在写给蒋廷黻的一封未发出的信稿中所言。他反思了自己前期消极抗战求和的思想,并在信尾处写道:"此信似未寄出。但此信很可以看出我的思想的开始转变。我在八月中,还做过一次(似不止一次)和平的大努力。但我后来渐渐抛弃和平的梦想了。九月八日离京,那天我明告精卫、宗武、希圣三人,我的态度全变了。我从此走上了'和比战难百倍'的见解。"[69]

胡适三人到美国后,立即展开了忙碌的外交活动,既要会见各

胡适（左）与蒋介石

方面的朋友，还要召开演讲会，行程紧凑而辛苦。他在写给江冬秀的信中言："这一回出门，十分辛苦，前天晚上翻电报，到四点才睡。十月一日，我预备一篇演说，到五点半才睡。事体并不多，有时候很有空工夫，可以和朋友谈天。有时候连睡觉的工夫也没有。"[70]

胡适是三人中最为活跃的，刚到美国没几天，他就做了题为《中国能赢吗?》的午餐演说。当面临美国人的非议与刁难时，胡适也是毫不客气，坚持自己立场，绝不让步。有一次，胡适写了一篇广播演讲稿，电台工作人员觉得这篇演讲稿措辞过于强硬，要求胡适修改。胡适当即大怒，表示宁可取消广播，也不会修改。在胡适的坚持下，电台工作人员最终妥协。

当然，胡适也有无可奈何，落得个生闷气的时候。他在日记中记下了曾让他感到非常生气的人和事："到 State Department〔国务院〕去看 Hornbeck〔霍恩贝克〕，Hamilton and McTray〔汉密尔顿和麦克川〕，毫无所得。Hamilton 的态度尤为□□。他说，这是中国人自己争生存的问题，必须自己尽力，别人谁也不能帮忙。我气了，我说:'我们何尝不尽力!'小官僚可气也可怜!"[71]

　　胡适不仅竭力向美国人民宣传中国的抗日,争取国际支援,也向在美国的中国人宣传抗战,时值抗日一周年,胡适专程"到中国学生会,为他们作抗日一周年演说……我对中国学生会说:一年抗战的结果有三事可说:①我们自己抗战的能力,超过预算。②国际的援助,超过预算。③日本的弱点暴露之速,超过预算"[72]。

　　社交活动过于频繁,致使胡适的身体出了点小问题,可他即使生病了,仍不忘自己的使命。一天早上,胡适身体不适,吃了早饭,也全数吐了出来。偏偏那天下午,胡适要出席一个上千人参加的演讲大会。最终胡适忍着不适去了演讲现场:"午刻到了宴会上,全无胃口。所以没有吃中饭。到了两点钟,轮到我演说。我站起来,病也没有了,演说很有力量,也不觉吃力。说完了,又答复了许多问题。人多,外面大雨,窗不能开,所以屋子里很热。我出了力,出了一身大汗,里衣全湿了。回到旅馆里,我不敢脱衣服,也不敢洗澡。但这一身汗出来之后,我的小病全好了。到了五点钟,肚子觉得饿了,我才叫了点东西来吃。吃了之后,精神完全好了。"[73]

　　胡适身体抱恙,仍不忘宣传中国的抗日战争,实在是因为他太忧心国内局势。即使每天忙得如陀螺转,胡适也不忘注意世界各地与祖国的战况。胡适曾在日记中写道:"十点半听广播,半点钟内,听得伦敦、巴黎、柏林、维也纳、罗马、华盛顿六大都会的播音。欧洲局势稍缓和,大概可无战事。"[74]"昨夜上车时买今早的'Times'〔《时报》〕读了,知陇海战况甚紧迫,日本分十二路进兵,其势甚猛,其志在雪台儿庄之耻,其锋甚难当。我甚忧虑。"[75]

　　胡适不顾身体健康宣传中国的抗日战争,其精神何在? 胡适自己作了解答:"我在外国,虽然没有危险,虽然没有奔波逃难的苦痛,但心里时时想着国家的危急,人民的遭劫,不知何日得了。我有时真着急,往往每天看十种报纸,晚上总是睡的很晚,白天又是要奔走……精神上的痛苦,往往是比身体上的痛苦更难受。我现在两边鬓发差不多全白了。"[76]

1938 年 7 月 13 日,胡适一行乘船离开美国,转往欧洲,准备在欧洲宣传中国的抗日战争后回到中国。不料胡适刚到法国巴黎,就收到一封由纽约转来的蒋介石亲笔签名电文,表达了邀请胡适担任驻美大使之意。胡适接到这封电文后十分为难,但考虑了一周后,胡适决定接受大使的任命。"回寓后又修改此电,半夜后始决定,此时恐无法辞却;既不能辞,不如'伸头一刀'之为爽快。"[77] 7 月 27 日,胡适再一次修改了电文,表明了自己的决心:"……国家际此危难,有所驱策,义何敢辞。惟自审廿余年闲懒已惯,又素无外交经验,深恐不能担负如此重任,贻误国家,故迟疑至今,始敢决心受命。"[78]

9 月 13 日,胡适终于得到了确切的消息:"今天得外部电,说政府今天发表我驻美大使。今天下午王亮畴有电来贺。二十一年的独立自由的生活,今日起,为国家牺牲了。"[79] 他在送给朋友陈光甫的一张照片上写了这样一句话:"做了过河的卒子,只能拼命向前。"

1938 年 9 月 17 日,国民政府任命其为驻美全权大使。10 月 28 日下午 5 点胡适向美国递交国书,会见了罗斯福总统。

胡适走马上任后,为祖国的抗战更是四处积极奔走。因为过于操劳,胡适心脏病频频发作。但他的辛苦却为祖国的外交和经济带来了一定的成效。1939 年 2 月他为祖国争取了 2500 万美元的贷款,史称"桐油贷款";1940 年 3 月又为祖国争取了 2000 万美元的贷款,史称"滇锡贷款"。但是蒋介石对胡适的工作成效并不满意。1940 年 6 月,蒋介石派宋子文作为特使前往美国处理商务外交事务。自此,胡适大使的身份被架空,成了一个闲人。胡适在日记中写道:"自从宋子文做了部长以来,(去年十二月以来)他从不曾给我看一个国内来的电报。他曾命令本馆,凡馆中和外部,和政府,往来电报,每日抄送一份给他。但他从不送一份电报给我看。有时蒋先生来电给我和他两人的,他也不送给我看,就单独答复了。"[80]

胡适虽然在大使任上不再承担具体的工作,但是他依然四处讲演。在他即将卸任之前,胡适在华盛顿作了《抗战五周年的演讲》。胡适在演讲中表示,抗战一定会胜利,他说:"最后,我们还可以相信我们得到了最后胜利之后,我们同盟国必定可以替全人类建立一个有力量的,能持久的世界新秩序。"[81]

胡适(右一)于上海(1939 年)

　　1942 年 8 月 15 日,胡适收到了免去他的大使职务的电报。胡适当晚即回复电文,说:"蒙中枢垂念衰病,解除职务,十分感激。"[82]九月六日国民政府正式发布胡适辞去美国大使一职的消息。9 月 18日胡适离开大使馆,离开华盛顿。胡适在日记中伤感地记载了这一天:"今天早十一点离开双橡园,离开华盛顿。同事诸人都在站送我。刘锴躲在我房里,我忽然觉悟,他不愿人看见他流泪。他送我直到 Baltimore〔巴尔的摩〕,才回去。我也下泪与他相别。"[83]

　　胡适是一个文人,尽管他如此关注政治,但当他真正从政,尤其与那些所称政治家一起工作时,他书生的弱点就暴露出来。不过,应该肯定的是,胡适还是不辱使命,做好了自己分内的工作,交了一份漂亮的答卷。

第六章　黄昏(1945—1949)

一　致电毛泽东

1942年9月8日,胡适卸任大使一职,又开始潜心学术工作。胡适计划未来20年的时间里能够专心研究思想史,因为政治让他伤透了心。好友杨步伟回忆当时的胡适说:"他卸任驻美大使后,我就劝他离开政治回到教育界来,盖我知其为人一生忠诚和义气对人,毫无巧妙政治手腕,不宜在政治上活动,常为人利用,而仍自乐。其时并且很多大学争聘其为教授,他因一时灰心,寓居纽约,谢绝一切邀请。"[1]

因为闲暇时间过多,胡适竟有了一个有趣的爱好——搜集世界各国怕老婆的幽默笑话。可是,胡适这样的人如何能脱离政治,即使是搜集各国怕老婆的幽默笑话,他也能从中寻出政治意义。胡适说,他搜集了很多中国的怕老婆故事,可是没有一个是从日本来的。美国、英国等国家这种故事他也搜集了不少,可是没有一个是从德国来的。于是胡适就此得出了一个耐人寻味的幽默结论:"倘然我们做一个结论说,人类中间这一种怕老婆的低级种子,只能在民主国家里繁殖,不会产生在集权国家的土壤上,或者还不会错吧?"[2]看来胡适想要和政治撇清还真难。

1944年年底,第二次世界大战接近尾声,世界法西斯的彻底失败已指日可待。这个时候,卓识远见的胡适由欧洲所发生的政治事端,隐约感觉到了中国即将面临的难题。他在1944年12月8日的日记中言:"最近欧洲新解放的各国(法、比、丹、意、希腊),无一国不发生政府与共产党主持的'抗战队'(或其他名称)的火并情形。政府主张解除此种军队的武装,而此种队伍不受命,故发生流血。最惨者为前昨日的 Athens〔雅典〕的英国海陆空军开火援助希腊政府,攻击其他的'抗战队'事件。此种事件最足以使我们明了这十多年的中共问题,及这十年的中共对日作战的问题的态度,及将来的中共问题。"[3]

抗战即将胜利结束,这时国共两党在战后中国的问题上发生了严重的分歧。这时的中国共产党,经过八年抗战,党的建设以及军事力量空前加强,成为中国当时名副其实的第二大党。由于政治分歧,谈判陷入停顿,两党处于剑拔弩张的状态。一些民主党派及民主人士试图斡旋两党的关系,于是褚辅成、黄炎培、冷遹、王云五、傅斯年、左舜生、章伯钧等人致电中共希望重启谈判:

延安毛泽东、周恩来先生惠鉴:

团结问题之政治解决,久为国人所渴望。自商谈停顿,参政会同人深为焦虑。月前经辅成等一度集商,一致希望继续商谈。先请王若飞先生电闻,计达左右。现同人鉴于国际国内一般情形,惟有从速完成团结,俾抗战胜利早临,即建国新奠实基。于此敬掬公意,停候明教!

褚辅成　黄炎培　冷遹　王云五

傅斯年　左舜生　章伯钧

巳冬[4]

1945年6月30日,《解放日报》刊登了这封电文。7月1日,王云五因病未能成行,其余六人作为参政代表,接受中国共产党的邀请来到延安。当他们离开延安时,延安给他们留下了深刻的印象。毛泽东知道傅斯年和胡适关系密切,还让傅斯年转达他对胡适的问候。

1945年8月15日,日本帝国主义宣布无条件投降,蒋介石三次电邀毛泽东到重庆进行和平谈判。胡适此时通过报纸也了解了几位参政会员访问延安的报道,以及傅斯年通过报纸转达的毛泽东对他的问候。胡适的政治激情被挑动了。为了让中国尽快从战争中

走出,实现美国式的民主政治,胡适于 8 月 24 日特地从美国致电毛泽东,电文如下:

> 润之先生:顷见报载傅孟真转达吾兄问候胡适之之语,感念旧好,不胜驰念。前夜与董必武兄深谈,弟恳切陈述鄙见,以为中共领袖诸公今日宜审察世界形势,爱惜中国前途,努力忘却过去,瞻望将来,痛下决心,放弃武力,准备为中国建立一个不靠武力的第二大政党。公等若能有此决心,则国内十八年之纠纷一朝解决;而公等廿余年之努力皆可不致因内战而完全消灭。试看美国开国之初,节福生十余年和平奋斗,其手创之民主党遂于第四届选举取得政权,又看英国工党五十年前仅得四万四千票,而和平奋斗之结果,今年得千二百万票,成为绝大多数党。此两事皆足供深思。中共今日已成第二大党,若能持之以耐心毅力,将来和平发展。前途未可限量。万不可以小不忍而自致毁灭。以上为与董君谈话要旨,今托王雪艇兄代为转告,用供考虑。胡适,八月廿四。[5]

胡适这封电文并没有直接打给毛泽东,而是打给了当时国民党的谈判代表王世杰。因为胡适也拿不准这封电文究竟该不该发,所以在给毛泽东的电文前面,胡适写了这样几句话:"雪艇兄:顷忽起一念,拟发一电劝告毛泽东君。乞兄与孟真一商。如兄等赞同,乞代为发出。此是闲人偶尔好事,不必向外发表也。"[6]胡适本是一介书生,虽经历了政治挫折,却又希冀自己的理想实现,他不知道自己这封电文能否起到作用,心情是相当忐忑的。

几日后,胡适收到了王世杰的电报:"速转胡适之先生:尊电已面转毛先生矣。世杰(三十日晚)"[7]电文虽转到了毛泽东的手里,但这时的毛泽东,已经不是当年北京大学图书馆的那个小管理员,那个谦虚向他请教的热血青年,而是一名有着远大的革命理想和抱负,领导着一个无产阶级政党、拥有一支强大军队的领袖人物。

胡适认识毛泽东时,毛泽东还是胡适思想的追随者。毛泽东回忆当年自己和一些人成立"新民学会"时说:"这许多团体大半都是在陈独秀主编的《新青年》的影响下组织起来的。我在师范学校读书时,就开始阅读这本杂志了,并且十分崇拜陈独秀和胡适所做的文章。他们成了我的模范,代替了我已经厌弃的康有为和梁启超。"毛泽东还坦陈当时自己的思想倾向:"在这个时期,我的头脑是自由主义、民主改良主义及空想社会主义的有趣的混合物,我模糊地景仰'十九世纪的民主主义'、乌托邦主义和旧式的自由主义,但是我坚决地反对军阀和帝国主义。"[8]年轻的毛泽东受胡适等人的民主主义思想影响是显而易见的。但是因为毛泽东不是一名正式的北大学生,而只是一个北大校工,心中难免有几分自卑和屈辱,正像他自己所说:"我的职位如此之低,以致人们都不曾和我来往。我的工作之一就是登记来馆读报的人名,不过这般人大半都不把我放在眼里。在这许多人名之中,我认为有几个新文化运动著名的领袖,是我十分景仰的人。想和他们讨论关于政治和文化的事情,不过他们都是极忙的人,没有时间来倾听一个南边口音的图书馆佐理员所讲的话。"[9]

毕竟是毛泽东,做人有魄力,他说:"但是,我并不因此而丧气,我仍然参加哲学研究会,和新闻学研究会,想藉此能听大学里的课程。"[10]

毛泽东说得没错,胡适当年提到毛泽东只是寥寥数字。1920年1月15日胡适在日记中记事性地记了几个字:"毛泽东来谈湖南事。"当时的胡适没有把这个湖南来的北大校工当回事,只是淡淡记了一笔而已。时间到了1951年的5月17日,胡适在看了有关毛泽东早期社会活动的有关文章后,重新回忆起当年毛泽东回湖南之前的一些往事:"毛泽东依据了我在一九二〇年的'一个自修大学'的讲演,拟成'湖南第一自修大学章程',拿到我家来,要我审定改正。他说,他要回长沙去,用船山学社作为'自修大学'的地址。过了几天,他来我家取去章程改稿。不久他就南去了。"[11]从后来毛泽东寄给胡适的一张明信片可以看出当时毛泽东对胡适的崇拜：

> 适之先生：
>
> 　　在沪上一信达到了么？我前天返湘（湘自张去，新气象一新，教育界颇有蓬勃之象）。将来湖南有多点须借重先生之处，待时机到，当详细奉商，暂不多赘。
>
> 　　此颂
>
> 教安
>
> 毛泽东寄于长沙储英源楚怡小学　七.九

毛泽东也直接不讳地说："那时，我也见过胡适，访问他，要他援助湖南的学生斗争。"[12]

　　当年胡适的崇拜者，现在已经是一名拥有强大政治力量和军事力量的无产阶级政党的领袖，他还会谦虚地给胡适回电或者回信吗？何况两人的政治立场已经发生了天翻地覆的变化。

　　三个月后，胡适等来了毛泽东的回复。这一回复不仅是给胡适，也是给整个中国社会各阶层的。回复展示了毛泽东的胸襟，以及中国共产党对于当前时局的态度。这就是 1945 年 11 月 28 日，在当时的陪都重庆，《大公报》在显著版面转载的毛泽东著《沁园春·雪》及柳亚子的和词。这首小词，把山城搞得热闹非凡，报纸竞相转载，唱和之作、评论文章，蜂拥而出。

> 北国风光，千里冰封，万里雪飘。
>
> 望长城内外，惟余莽莽；大河上下，顿失滔滔。
>
> 山舞银蛇，原驰蜡象，欲与天公试比高。
>
> 须晴日，看红装素裹，分外妖娆。
>
> 江山如此多娇，引无数英雄竞折腰。
>
> 惜秦皇汉武，略输文采；唐宗宋祖，稍逊风骚。

一代天骄,成吉思汗,只识弯弓射大雕。

俱往矣,数风流人物,还看今朝。

中国共产党已经做好了应付任何形势的准备,已经做好了和国民党一争天下的准备,而且有实力也有信心。历史也证明了这一点。

许多年后,胡适在为司徒雷登的《旅华五十年记》书序中说:"我在对日胜利后不久,竟天真到打了一封长的电报到重庆,以便转交给我的从前的学生毛泽东。我在电文里用严肃而诚恳的态度央求他说,日本既已投降,中共就再没有正当的理由来继续保持一支庞大的私人军队。中共现在更应该学英国工党的好榜样,这个劳工党没有一兵一卒,但在最近一次的选举中却得到了压倒优势的胜利,获取今后五年里没有人能够跟他抗争的政权。"

胡适与毛泽东两人的思想境界完全是两个不同的极。一个是崇尚西方民主政治的一介书生;一个是坚信马克思主义阶级斗争学说,坚信枪杆子出政权,一心想要解放全人类的伟大政治家。胡适致电毛泽东不是天真与否的问题,他的思想意识决定了他在那样一种形势下势必会去做这样的一件事。此时的毛泽东,一个具有远大革命目标的无产阶级政党领袖,也势必将革命进行到底,实现无产阶级的理想与抱负。

二 重返北大

抗日战争即将结束时,北京大学的复员工作也开始进行。时任北京大学校长的蒋梦麟因即将在政府中就职,不能再任北京大学校长,他力推胡适执掌北大。当时的国民政府教育部长朱家骅于9月3日速致电胡适,希望他迅速回国就任北京大学校长一职:"魏大使请速转胡适博士:卅电计达。梦麟兄因任秘书长,依法不能兼任校长,故力推兄继任,主席暨弟与北京大学同仁亦均认为非兄莫属,公意如此,务请俯允。复员在即,不及征求同意,拟先提院发表,在兄未返国前,孟真兄虽抱病已久,暂行代理,特电奉达,并请速驾是幸。朱家骅。申江〔九月三日〕。"[13]电文明确表示,因时间紧促,北大校长一职就不等胡适回复,先告知天下。在胡适回来前,由傅斯年代胡适任北京大学校长一职。

傅斯年是胡适任北京大学校长一职的极力推崇者。在朱家骅致电胡适之前,傅斯年就写信给蒋介石推介胡适任北京大学校长。傅斯年在信中说:

> ……抑有进者,北京大学之教授全体及一切有关之人,皆盼胡适之先生为校长,为日有年矣。适之先生经师人师,士林所宗,在国内既负盛名,在英美则声誉之隆,尤为前所未有。今如以为北京大学校长,不特校内仰感俯顺舆情之美;即全国教育界,亦必以为清时佳话而欢欣;在我盟邦,更感兴奋,将以为政府选贤任能者如此,乃中国政府走上新方向之证明;所谓一举而数得者也。适之先生之见解,容与政府未能尽同,然其爱国之勇气,中和之性情,正直之观感,并世希遇。近年养病留美,其政府社会,询咨如昔,有助于国家者多矣。又如民国二十四年冬,土肥原来北平,勾结萧振瀛等汉奸,制造其华北特殊化。彼时中央军与党部撤去久矣,适之先生奋臂一呼,平津教育界立刻组织起来以抵抗之,卒使奸谋未遂,为国长城,直到七七。盖适之先生之拥护统一反对封建,纵与政府议论参差,然在紧要关头,必有助于国家也。今后平津将仍为学校林立文化中心之区,而情形比前更复杂。有适之先生在彼,其有裨于大局多矣。越分陈辞,敬乞鉴宥,肃叩钧安![14]

傅斯年崇敬胡适,胡适也敬重傅斯年。胡适称傅斯年是"最能做学问的学人,同时他又是最能办事、最有组织才干的天生领袖人物"[15]。由于傅斯年的才干,在他暂代胡适为北京大学校长期间,北大的教学与管理井井有条、蒸蒸日上,为胡适一年后回到北京大学任职铺平了道路。

1946年10月10日,北京大学举行开学典礼。胡适主持了开学典礼,并即席致辞,他简述了北京大学的发展历史后说:"希望学校完全没有党派。但对学生先生的政治宗教的信仰不限制,那是自由。只有一个前提就是学生要将学校当作学校,学校将学生当作学生。北大不愿学生教授在这里有政治活动,因为学校是做学问的地方,学作人作事的地方。"[16]

复员后的北京大学,胡适的计划是以英美的普通大学的模式来进行北京大学的建设,"在十年内办成象样的大学。所谓象样的意思,即是够上英美普通大学的水准"[17]。

胡适在国共两党内战爆发的动荡背景下,却在幻想人文的救国,显然是不可能的。动荡的局势,自顾不暇的民国政府,哪有时间顾及大学的建设?胡适到北京大学已经一年了,他仍然还在为自己的建校设想努力地奔走。1947年9月6日,胡适"本人提议在前五年采取偏私态度,预先选择五所大学,予以充分经费,使其发展,成为全国全世界有名大学。再过五年,再选择五所优秀国立大学,再予以充分发展之机会,目的必须做到学术独立"[18]。

但是胡适的建校设想并没有如其所愿地顺利进行。胡适为此非常懊恼。他在日记中记载了为推行他的建校方略召开北大"教授会"的结果:"北大开'教授会',到了教授约百人。我作了三个半钟头的主席,回家来心理颇悲观:这样的校长真不值得做!大家谈的,想的,都是吃饭!向达先生说的更使我生气。他说:我们今天愁的是明天的生活,哪有工夫去想十年二十年的计划?十年二十年后,我们这些人都死完了!"[19]

虽然胡适执掌北京大学期间,多灾多难,诸事不顺,但他依然执着地去履行自己的理想。胡适对尖端科学技术是有前瞻性的。为了建立北京大学物理研究中心,胡适曾写信给白崇禧、陈诚,"提议在北京大学集中全国研究原子能的第一流物理学者,专心研究最新

就任北大校长后的胡适

的物理学理论与实验,并训练青年学者,以为国家将来国防工业之用"[20]。可以说,胡适是提议核能研究的中国第一人。自从美国在日本广岛将核能用于战争,核能的发展已经是必然的趋势了。可是在一个孱弱而又多难的国家,将核能发展作为一项必须的国防提出来,这需要多大的胆识和多么前瞻的眼光啊!胡适说:"现在中国专治这种最新学问的人才,尚多在国外,其总数不过七、八人,切不可使其分散各地,必须集中研究,始可收最大的成效。"[21]这些人便是钱三强、何泽慧、胡宁、吴健雄、张文裕、张宗燧、吴大猷、马仕俊、袁家骝。胡适说:"以上九人,可谓极全国之选,皆已允来北大。他们所以愿来北大之主要原因有三:一是他们都不愿分散各地;二是因为北大物理学系已有点基础;三是因为他们颇喜欢北大的学术空气。"[22]

胡适还在信中提出了建立物理研究中心的具体办法:"我们仔细考虑,决定把北大献给国家,作原子物理的研究中心。人才罗致,由北大负全责。但此项研究与实验,须有充分最新式设备,不能不请国家特别补助,使我们可以给这些第一流专家建造起一个适宜的工作场所。"[23]胡适所提出的资金问题,对一个疲于内战的政府来说,根本无暇顾及,更何况是额度不小的50万美元。于是胡适非常恳切地说:"我知道此数目甚巨,责任甚大,故甚盼两先生于便中报告主席,请其指示裁夺。"[24]胡适在信的结尾再次重申了此项举措的意义:"我写此信,绝对不为一个学校设想,只因这些国外已有成绩、又负盛名的学者都表示愿来北大作集中研究,故为国家科学前途计,不敢不负起责任来,担负这个责任。科学研究的第一条件是工作人才。第二条件才是设备。现在人才已可集中,故敢请国家给他们增强设备。此意倘能得两位先生的赞助,我可以断言,我们在四、五年内一定可以有满意的成绩出来。"[25]

从胡适申请建立物理研究中心这一事来看,虽然胡适本人是一个致力于文史哲的学者,但对于尖端的科学技术他也是非常重视的,而且非常了解其意义和作用。这也算是胡适试图科学强国的一大举措吧。

胡适就任后不久,有学生写信给胡适,倾诉自己对目前政治状况的悲观与绝望。胡适看了这封来信后非常感动,当即给这位学生回复了一封信,他说:"今日的苦痛,都是我们大家努力不够的结果。科学不如人,工业生产不如人,学问知识不如人,技术不如人,故经过八年的苦战,大破坏之后,恢复不容易。人家送兵船给我们,我们没有技术人才去驾驶。人家送工厂给我们——如胜利之后敌人留下了多少大工厂,——而我们没有技术人才去接收使用,所以烟囱不冒烟,机器上锈!"[26]胡适多次说到中国科学技术的落后与人文精神的匮乏。面对如此的窘境,胡适觉得该怎么办呢?他在信的结尾处说:"青年人的苦闷都由于当年希望太大,所以今日必须明白和平比八年苦战困难的多,抗战时须吃苦努力,和平来了更要吃苦努力,才可以希望在十年之中做到一点复兴的希望。悲观是不能救国的,叫喊是不能救国的。责人而自己不努力是不能救国的。易卜生说过:'眼前第一大事是把你自己这块材料铸造成器,此外都不重要。'"[27]

因为政治的动荡,北大发生了许多次的学潮。学生时有罢课示威游行等举动。胡适则竭力疏导学生的情绪,希望事端能够平和结束。在一次专门商讨学潮的会议上,胡适谈了自己对于学生介入政治的看法:"古今中外有一条公律,凡是在政治不能令人满意的时候,没有正当合理机构来监督政府,来提倡改革政治的情形下,提倡改革政治,往往会落在青年身上。"[28]胡适并不反对学生介入政治,但绝不赞成罢课的方式:"青年对政治感兴趣,固然不能厚非,不过感兴趣的方式很多:(一)潜心研究政治科学,发表自己所认为的是政治主张,以争取同情。(二)退出学校直接参加政党,从事政治活动,都是好方法。但以'罢课'为手段,希望一罢课就把复杂难解的政治问题解决,实在是不可能的。罢课是最愚笨而最不易收效的武器;为了解决国内纠纷,曾召开过政协会议,集中中国政治界的专家济济一堂,足足谈了十个月,而国内纠纷仍未解决,青年学生欲以牺牲学业方式解决此问题,岂不徒劳。"[29]

在风雨飘摇的即将消亡的民国,胡适空有一腔抱负,无处施展。他在三年的校长任期中,只能像一个救火员一样四处灭火,然而火焰却在四处不停地燃起。

三 婉拒蒋中正

1947年初,蒋介石请傅斯年代为转告胡适,邀请他担任国府委员兼考试院长。傅斯年当即以种种理由回绝蒋介石,但蒋介石依然坚持要傅斯年将此事转告胡适。无奈之下,傅斯年答应了此事。不料傅斯年突然得病住院,此事遂被搁置。蒋介石不甘心,便让到医院探望傅斯年的王世杰打听结果。谁知傅斯年还未转告胡适,王世杰责怪傅斯年不应该从中打岔。傅斯年见此事已经没有推脱的余地,便给胡适写了一封信,把这件事情的来龙去脉告诉胡适,并在信中说了自己如胡适一派自由主义者在目前这种政治形势下的出路:

自由主义者各自决定其办法与命运。不过,假如先生问我意见,我可以说:

一、我们与中共必成势不两立之势,自玄学至人生观,自理想至现实,无一同者。他们得势,中国必亡于苏联。

二、使中共不得势,只有今政府不倒而改进。

三、但,我们自己要有办法,一入政府即全无办法。与其入政府,不如组党;与其组党,不如办报。

四、政府今日尚无真正开明,改变作风的象征,一切恐为美国压力,装饰一下子。政府之主体在行政院,其他院长是清中季以后的大学士,对宋尚无决心,其他实看不出光明来。

五、我们是要奋斗的,惟其如此,应永久在野,盖一入政府,无法奋斗也。又假如司法院长是章行严(杜月笙之秘书),岂不糟极!

六、保持抵抗中共的力量,保持批评政府的地位,最多只是办报,但办报亦须三思,有实力而后可。今日斗争尖锐强烈化,如《独立评论》之 free lancer[自由作家],亦不了也。[30]

从傅斯年的信中,可以看出在当时的政治形势下,所谓胡适等第三方势力,既不和中国共产党志同道合,也对蒋介石政权的独裁腐败,特别是蒋宋孔陈四大家族对中国的掌控很有看法。尤其胡适在出任大使期间曾与宋家宋子文有过直接接触,他对这种家族式的国家政权自然更有看法。傅斯年与胡适在这一点上观点一致,所以他在信中含蓄地说到了这个问题。

专制势必滋生家族势力的政治集团。这应该说是封建专制的宗法制制度的延伸。无论基于什么思想的独裁专制,最终都会以家族政治势力的形式表现出来。民国时期的四大家族正是蒋介石施行专制的必然结果。从人类历史的发展来说,这种家族政治势力政权肯定会遭到唾弃,而只有广大人民的民主意识觉醒和加强,民主在这个国家得以真真切切实施时,带有封建宗法制色彩的家族政治势力才会回到它的墓穴中去。

所以当胡适等英美派的民主主义者面临一个家族势力的政治团体时,势必尴尬难堪。因为这个势力团体,既要打着民主的旗子,又要干家族利益的勾当,置广大人民的利益于不顾,而滋腴家族集团。但由于它打着民主自由的旗号,借着民生的口实,因而带有很强的欺骗性,于是人们对这样的政权又怀着一线的希望。这就是胡适等民主人士的心态和悲哀。

1947 年 2 月 6 日,胡适就此事给傅斯年回了一封信,信中,胡适表达了对四大家族的不满,以及从政的忧虑:"我因为很愿意帮国家政府的忙,所以不愿意加入政府。蒋先生的厚意,我十分感谢,故此信所说都是赤心的话。我在野,——我们在野,——是国家的,政府的一种力量,对外国,对国内,都可以帮政府的忙,支持他,替他说公平话,给他做面子。若做了国府委员,或做了一院院长,或做了一部部长,……结果是毁了我三十年养成的独立地位,而完全不能有所作为。结果是连我们说公平话的地位也取消了。——用一句通行的话,'成了政府的尾巴'!……这个时代,我们做我们的事就是为国家,为政府,树立一点力量。……"至于宋子文任行政院长一事,胡适是这样说的:"蒋先生应该充分抬出党内的最有希望的自由分子,给他们个做事的机会。行政院长必须换人,雪艇、哲生都比子文高万倍,都可以号召国内与国外的同情支持。若用子文,则国内无以号召,美国借款也借不成。……"[31]

1947 年 2 月 20 日,傅斯年又给胡适去了一封信。信中,傅斯年告诉胡适,蒋介石"老调仍谈"并直言不讳地说这是为了"撑面子"。

胡适当即给王世杰去信,言:"考试院长决不敢就,国府委员也决不敢就。理由无他,仍是要请政府为国家留一两个独立说话的人,在要紧关头究竟有点用处。我决不是爱惜羽毛的人,前次做外交官,此次出席国大,都可证明。但我不愿放弃我独往独来的自由。"胡适非常诚恳地说:"我愿意做五年或十年的北大校长,使学校有点成效,然后放手。此时放手,实无以对北大同人,亦对不住自己。"[32]

但蒋介石仍不甘心,便放下面子,于3月5日亲自给胡适去了一封信,信中说:"日前雪艇兄返京,极称先生坚不愿参加政府,但愿以私人地位匡辅国家,协助政府,闻之心感。惟改组后之国民政府委员会为集议决策机关,并无行政烦琐工作,其职权大于参政会而性质则相同,且系过渡时期机构,为期不过数月。倘先生并此而不参加,岂惟政府决定政策之最高机构失一重大助力,社会且将致疑于政府革新政治之诚意。"[33]

1947年3月13日,胡适在南京,蒋介石邀请胡适共进晚餐。饭桌上两人交换了意见。最后蒋介石说:"如果国家不到万不得已的时候,我绝不会勉强你。"胡适以为这一次蒋介石已经不会再勉强自己了,心中窃喜。他在饭后告诉傅斯年:"放学了!"

没想到蒋介石并没有死心,又试图让他参加国民政府委员会,作无党无派的一个代表。胡适再一次拒绝了。不久蒋介石又再一次亲自约谈胡适,告诉胡适国府委员不是官。胡适则告诉蒋介石自己不在官对政府的好处,并且举例告诉蒋介石把一些人才拉进国民党是失策。蒋介石一边承认是失策,一边还是劝胡适考虑做国府委员的事。胡适离开时,抬出了江冬秀作挡箭牌,说:"内人临送我上飞机时说:'千万不可做官,做官我们不好相见了!'"蒋介石也笑了,说:"这不是官!"

直到4月,蒋介石看到实在拗不过胡适,便给胡适发了一封电文,说:"此次尊重兄意,不克延致,殊为耿耿。若有两全之道,则必借重以慰群望也。国事艰虞未已,尚盼时赐管[?]见,观[?]测[?]匡其不逮为幸。"[34]至此,胡适才真的放学了。

1947年年底,国共两党的内战已渐渐分出高下,中国共产党通过浴血奋战逐步在战场上取得了主动,国民党军队四处战败。蒋介石把希望寄托在美国身上,胡适又成了他想要利用的人物。胡适在1947年12月26日的日记中写道:"蒋主席约吃饭,我去时始知只有我一个客。他力劝我再去美国做大使。他的意思很诚恳,但我不敢答应,只允考虑。"[35]单独会面后,胡适找到王世杰,请王世杰转告蒋介石他不能出任美国大使的意思。

胡适又一次"放学了",但蒋介石想用胡适"撑面子"的事又来了。1948年,虽然国民党政权已经风雨飘摇,蒋介石却在这时候大行其宪政,开始了民国宪政以后第一任总统的选举。新年伊始,胡适写信给李宗仁盛赞他竞选副总统一事。不久李宗仁回信说,希望胡适也能来参加这次大选,这样才能充分表现民主的精神。信的结尾,李宗仁说:"参加的候选人除了蒋主席之外,以学问声望论,先生不但应当仁不让,而且是义不容辞的。"[36]

胡适只当是李宗仁对自己的一番恭维,并没有十分在意。但是不久好友王世杰传来的话,让他有些不安了。胡适在日记中记载了这件事:"下午三点,王雪艇传来蒋主席的话,使我感觉百分不安。蒋公意欲宣布他自己不竞选总统,而提我为总统候选人。他自己愿意做行政院长。我承认这是一个很聪明,很伟大的见解,可以一新国内外的耳目。我也承认蒋公是很诚恳的。他说:'请适之先生拿出勇气来。'但我实无此勇气!"[37]

胡适翻来覆去地想后,竟然动心了。第二天一大早,他把这件事情告诉了朋友周鲠生,请他出出主意。午后又与王世杰、周鲠生翻来覆去说了几个钟头,却依然犹豫不决。但是晚上王世杰来讨回信时,胡适接受了竞选总统。胡适称:"此是一个很伟大的意思,只可惜我没有多大自信力。"[38]又过了一夜,胡适主动找到王世杰,告诉他,自己决定还是退出。胡适说:"昨天是责任心逼我接受,今天还是责任心逼我取消昨天的接受。"[39]

几天后,蒋介石在国民党召开的临时中全会上,念了一篇预备好的演说词,申明他不参加候选,而提议由国民党提一个无党派的人士来候选。蒋介石还列了几条候选人的条件,会场上的人一听便知道他说的就是胡适。会议开了一天,没有人赞成蒋介石的这个倡议。当胡适还在忐忑不安地等待着总统选举时,蒋介石召开的国民党全会已经把他的梦幻惊扰了。后来,胡适在日记中自嘲地写道:"我的事到今天下午才算'得救了'。"事后,蒋介石让王世杰代为转达他的歉意。

胡适"得救了",却病倒了,还病了好几天。这一次,胡适没有抵挡住大的诱惑,虽然谦卑了,但内心涌动受到的打击让他病倒在床。几天后,蒋介石请胡适到蒋介石官邸吃晚饭,再就此事向胡适致以歉意。胡适也只好附和说:"党的最高干部敢反对总裁的主张,这是好现状,不是坏现状。"胡适心中想的却是蒋公请我一个人吃饭,蒋夫人却不出来作陪。胡适此时已经意识到这件事中他所扮演的角色。文人再一次输给了政治家。

就在国民党即将彻底失败时,国民党进行了总统大选,蒋介石任总统,李宗仁当选为副总统。

1949年,胡适已经流亡在外,国民党败退台湾,新任的"行政院院长"阎锡山在胡适没答应的情况下,就登报宣称胡适为"外交部部长"。胡适立刻致电阎锡山坚辞外交部部长一职。不久胡适又于1949年6月30日发了三个电报,他在日记中写道:"发了三个电报:一给阎百川先生,一给杭立武兄,皆坚辞外交部长事。一给蒋介石先生,则说宋子文梗电所说,我'从未赞成,亦决不赞成。'"[40]

政客们岌岌可危时,就想到了胡适这个民主主义的文人。这对胡适来说,意味着什么? 是他的才能,是他的威望,还是其他的什么?

四　曹珮声送行

1948年的平津渐渐成为孤城,国民政府也处于风雨飘摇之中。蒋介石预料到北平即将失陷,在搜罗故宫的古董字画与国库的金银珠宝时,也开始了争取知名文化人士的"抢救学人"计划。胡适便是蒋介石竭力争取的对象。

早在 1947 年时,司徒雷登就曾对胡适说"中国政府一两个月后就得崩塌",胡适认为司徒雷登"此老今年七十一,见解甚平凡,尤无政治眼光。他信用一个庸妄人傅泾波,最不可解"[41]。胡适虽然眼见国民党军队每况愈下,但他不愿意也不相信这是事实。对于司徒雷登这番话,胡适相当不快,觉得完全是在诅咒国民党。但事实却如司徒雷登所言,国民党兵败如山倒,北平已陷入了硝烟之中。

这时的北京大学已经乱成一锅粥。因为战乱,教师员工的基本生活保障受到了威胁,于是北京大学、清华大学等学校的教师员工一致决定罢教、罢研、罢工三天,在校负责的郑天挺立刻致电外出的胡适,希望他尽快返回。不久北京大学的学生又共同致电胡适,请他立刻返校,共同维护学生生命安全。没完没了的烦心信电搞得胡适心烦意乱,不知所措。

1948 年 10 月,外出的胡适在返回北平。此时的北平令他凄然。他在 10 月 22 日的日记中写道:"飞回北平,此次出外三十六日,真有沧桑之感。局势一坏至此!"[42]1948 年年底,解放军围城,北平笼罩在一片萧瑟之中。胡适在这样的窘况下已经伤透了心。他在一次宴会上说,过了北京大学 50 周年纪念日,他打算到政府所在地做点有用的工作,不想再做校长了,也不做《哲学史》或者《水经注》了。至于想做什么,他也不知道。动荡的局势让胡适倍觉茫然。

1948 年 12 月 14 日,好友陈雪屏打来电话,告诉胡适有飞机来接他南去时,胡适半信半疑,犹豫不决。朋友们知道后,力劝胡适离开北平。胡适很激动,他指着天空说:"看这样青天无片云,从今早到现在,没有一只飞机的声音,飞机已经不能来了!"胡适这时候几乎是在绝望之中了。中午时,胡适又得到电报说有飞机接他南去,但是却没有任何关于飞机的消息,搞得他焦躁不安。下午一点,傅作义打电话给胡适,让他三点钟在勤政殿集合。然而,因为去机场的路被阻断,胡适又没能成行。

第二天，胡适终于乘上飞机离开了北平，离开了北大，从此再没有回到他一生建功立业的地方。他在日记中记载了这一天的经历："昨晚十一点多钟，傅宜生将军自己打电话来，说总统有电话，要我南飞，飞机今早八点可到。我在电话上告诉他不能同他留守北平的歉意，他很能谅解。今天上午八点到勤政殿，但总部劝我们等待消息，直到下午两点才起程，三点多到南苑机场，有两机，分载二十五人，我们的飞机直飞南京，晚六点半到，有许多朋友来接。儿子思杜留在北平，没有同行。"[43]因为走得仓促，他用尽一生心血收藏的大量书籍被搁置在了北平。

面对倾倒得一塌糊涂的局面，蒋介石已经没有什么幻想了，只想给共产党在大陆少留些有用的人和物，于是蒋介石对胡适说，希望他出国。胡适在1949年1月8日的日记中写道："蒋公今夜仍劝我去美国。他说：'我不要你做大使，也不要你负什么使命。例如争取美援，不要你去做。我止要你出去看看。'"[44]

1949年1月21日，胡适把江冬秀送往台湾。他在日记中写道："送冬秀上海黔船，与傅孟真夫人同去台湾。"[45]

1949年2月16日，同乡汪孟邹，亚东图书馆的主人，也是胡适与陈独秀认识的牵线人，在虞洽卿路的大新酒楼为胡适饯行。宴请前，胡适去了亚东图书馆，和安徽同乡们小聚。胡适坐了一会儿，把汪孟邹的侄女汪协如叫到一旁，让她给曹珮声打个电话，叫她过来一块儿吃饭。

曹珮声与胡适在杭州西湖烟霞洞的神仙之旅，对于两个人来说是一生中最幸福的时光。然而由于江冬秀以死相威胁，胡适只得退步，断了与曹珮声的这段爱恋。但是，两人心中都记挂着对方。

1934年，曹珮声在二哥曹诚克的帮忙下，赴美国留学。曹珮声在美国所读的学校，是胡适曾就读过的康奈尔大学，所读的专业是胡适当年读过的农学院，攻读的是遗传育种专业。因为曹珮声在康奈尔大学读书，胡适还给韦莲司去了一封信，说："我冒昧的向你介绍我的表妹曹诚英。她正拟去美国进研究所学育种学，她可能会在康奈尔待两年。她在南京中央大学所做的研究工作是棉花种子的改良；她的老师，大部分是康奈尔的毕业生，鼓励她去康奈尔进修。她是自费生，由她在天津北洋大学教书的哥哥资助她。（因此）她得节约过日子，还得学口语英文。你能在这两方面给她一些帮助和引导吗？"[46]

抗日战争硝烟弥漫的 1943 年，曹珮声人在四川，却心系远在美国的胡适，还作《虞美人》词一首寄托相思：

> 鱼沉雁断经时久，未悉平安否？万千心事寄无门，此去若能相遇说他听。　　朱颜青鬓都消改，惟剩痴情在。念年辛苦月华知，一似霞栖楼外数星时！[47]

曹珮声裸露与哀怨地倾诉了她对胡适的思念之情。在另一首未完成的《临江仙》词中，曹珮声同样流溢出自己的思念之情：

> 阔别重洋天样远，音书断绝三年（曹自注：从吴素萱即吴健雄女士带来信后算起）。梦魂无赖古缠绵。芳踪何处是，差探问人前。[48]

从这首词中也可看出，胡适与曹珮声两人的情感始终缠绕着彼此。如果说胡适曾经为爱情而幸福过，那就是曹珮声。曹珮声则是把自己一生的情感全部倾注给了胡适。胡适的挚友浪漫诗人徐志摩就非常艳羡胡适与曹珮声的爱情："前年胡适在烟霞洞养病，有他的表妹与他作伴，我说他们是神仙似的生活；我当时很羡慕他们。这种的生活——在山林清幽处与一如意友人共处——是我理想的幸福……"[49]

胡适就要离开大陆了，这时他最想见到的人就是曹珮声了。曹珮声接到汪协如打来的电话后，便立刻赶了过来。当曹珮声走进房间时，胡适正在给求他墨宝的人写对联。

曹珮声见胡适身穿的长袍袖口已经有些破损了，一阵心酸，心痛地对胡适说："糜哥，蒋介石已经回奉化了，你不要跟他走下去了！"胡适听完曹珮声的话，只是对着曹珮声微笑，一句话也没有说出来。随后绩溪老乡们一起来到了亚东图书馆对面的大新酒楼就餐。曹珮声没有吃完饭就退席了。

曹珮声与汪协如再次回到亚东图书馆后，她从自己的手上取下一枚戒指，然后把随身所带的一点美钞放在汪协如手中，说："糜哥随身没有什么钱，请你把这些交给他吧！"汪协如看着这一枚戒指和美钞说："这点钱财，在国外能有什么用？"曹珮声只是微笑，什么话也没说，便向汪协如告辞回家了。

胡适从汪协如那里接过曹珮声留给他的最后信物，便立即给曹珮声写了一封信，没有封口就让汪协如转交曹珮声。汪协如提醒胡适信还没有封口。胡适说，熟人带信，不用封口了。

"文革"时期，曹珮声回到老家绩溪旺川。她不无深情地对亲友们说："我爱七都，但更爱八都。要是八都有地方住，我就愿住在八都。"[50] 1973 年 1 月 15 日，曹珮声在上海逝世。亲戚们依照她的遗愿，把她埋葬在旺川村口那条通往上庄村的路旁。曹珮声至死都盼望着与她的糜哥再次相见。

1949 年 4 月 6 日，胡适由上海登船离开了大陆，再也没有回到这块曾经让他撕心裂肺地为它呐喊和奋斗努力过的、有着无数亲人和朋友的大陆。胡适在日记中写道："上午九时离开上海银行，九点半到公和祥码头，十点上 President Cleveland〔克利夫兰总统号〕船，十一点开船。此是第六次出国。"[51] 胡适在离开的这一天是如此淡定，就像一个外出旅行的人，不久就会归来一样。可是他万万没有想到，这是他在这块大陆上最后滞留的时光了。

五　《水经注》

1942 年 9 月 8 日，胡适卸任驻美大使一职，自华府移居纽约，重拾中断了五年的学术研究工作。1943 年 11 月，胡适开始重新考证《水经注》，试图解决两百多年来众说纷纭的"戴赵公案"。他在日记中说："得王重民书，附一文，《跋赵一清校本〈水经注〉兼论戴赵全赵两公案》。重民治学最谨严，但此文甚不佳。今日独坐，取《水经注》聚珍本，《戴东原集》、《鲒琦亭集》、《观堂集林》及《别集》，试复勘此离奇之公案。"[52]

所谓"戴赵公案"，是指戴震校《水经注》抄袭赵一清、全望祖一案。这是清代学术史上的大公案。1773 年，戴震虽一介布衣，却因其名重一时，得于敏中、纪昀、裘曰修等极力荐举，被乾隆帝召入《四库全书》编纂馆做纂修官。戴震用了一年的时间区分经与注，考证经、注中的伪与正。1774 年，乾隆皇帝见到新完稿的戴震校注版《水经注》，非常高兴，把它列入武英殿聚珍版丛书出版计划，戴震校注的水经注也就被后人称为"武英殿本"。"武英殿本"的完成只是后来"戴赵公案"的开始。当戴震被召为《四库全书》纂修官时，赵一清所著《〈水经注〉释》在这之前便被征入《四库全书》编纂局。二人去世后，戴震的弟子段玉裁第一个发现戴震的"武英殿本"和赵一清的《〈水经注〉释》居然有"十之九九"的雷同之处。段玉裁为维护老师的尊严，指责赵一清抄袭戴震。从此一场纠纷不止的"戴赵公案"一直延续到现代。

这场纠纷中，除了挑起公案的段玉裁，在现代也就只有胡适一人认为戴震是清白的。胡适曾在日记中说明他想要"勘此离奇之公案"的缘由："我生平不曾读完《水经注》，但偶尔检查而已，故对此大案，始终不曾发一言。但私心总觉此案情节太离奇，而王国维、孟森诸公攻击戴震太过，颇有志重审此案。"[53]胡适所谓的私心大概是指戴震与他的同乡情缘吧。胡适是个重家乡的人，他常夸"姓胡的、姓汪的、姓程的、姓吴的、姓叶的，大概都是徽州，或是源出于徽州"。他还曾"问过汪精卫、叶恭绰，都承认他们祖上是在徽州。努生调侃地说：'胡先生，如果再扩大研究下去，我们可以说中华民族起源于徽州了。'"[54]

　　既然立志重审此案,胡适开始收集各种"戴赵公案"的"证据"。胡适清楚,这不是件容易的事儿,因为他太了解东西方文化的异同了。所以他在日记中说:"我因研究《水经注》大疑案,始悟中国向来的法堂审案的心理成见是不利于被告的。我作英文 Note[《全祖望、赵一清和戴震校注〈水经注〉之研究》]述此案重审的结果,我只须说:There is absolutely no evidence that Tai Chen had seen or utilized the works of Chao & Chuan[无绝对证据可证戴震见过赵一清、全祖望的书]就够了。但我写中文报告时,才感觉这种说法不够。——在中国人的心里,'空穴来风,必有所自',故被告必须提出有力的反证,单驳斥原告所提证据是不够的。"[55]

　　可是如何才能实现反证呢? 胡适决定先收集各类《水经注》的版本。胡适在搜集《水经注》各类版本时耍了一点小聪明。1946 年 6 月,胡适离美返京,途经上海时,利用记者来采访他的机会,昭告天下他"这几年在干《水经注》这个案子",结果"第二天各报都把我的话登出来了,大家便知道胡适之弄《水经注》"[56]。于是,在"很短的时间,全上海所藏的《水经注》,我都看到了。到了北平,也是这样。于是各地的《水经注》都跑到我这里来了"[57]。就这样,胡适使了点小聪明,便轻松收集到了 40 多种版本的《水经注》,其中有永乐大典本、赵一清书,初刻本、全氏《水经注》、戴震自刻本《水经注》等重要版本。为此,胡适还在北京大学举办了《水经注》的版本展览。

　　《水经注》版本收集得差不多了,胡适便开始作考证了。胡适的考据功夫相当了得,仅依据书中一个细微的变化,他就能识出其破绽,他在 1947 年 2 月 18 日的日记言:"晚上用许印林(瀚)手校本伪《全氏〈水经注〉》题辞及序目,校薛刻本,记其异同。其最有趣的一点是此本题辞后题'乾隆庚午仲秋',而王梓材后来又改为"仲夏"! 倘他不改作"仲夏",则我当日辨伪更不易下手了! 作伪之人信口开河,随手写秋写夏,而不知这正是作伪之痕迹,……"[58]

　　胡适作考证还不厌其烦,非常有韧性:"去年五月初,我从天津图书馆借得全谢山五校《水经注》。五月底我开始把这里面的全氏校记完全过录在薛刻本之上,用红笔(后用紫笔)抄全校,用绿笔记我的说明或判断:我用赵东潜书的刻本作参校,又比勘戴东原校本,看时须比较沈绎旃校本。这工作很费时间,有时一天只能过录十多页。今天全部过录完毕,费时近一年。中间往往有间断的时期,如最近南行,停了五十天。"[59]

胡适考证的方法还很多,从抄录的字迹,胡适也能从中判断出版本的变异:"同劳榦先生去龙蟠里看《水经注》。丁家原藏的项絪本果是赵东潜早年校本,其上只有改定经注的○○○是谢山手笔,又有两处墨笔是谢山写的,其余皆是赵字。又校勘了[两]部赵东潜《水经注释》抄本。"[60]

经过艰辛的努力,胡适独辟蹊径,找出了反证条件,写下《戴震未见赵一清〈水经注〉校本的十组证据》一文,胡适在文中说:"这十组证据都是赵氏书里的特别优点,而都是戴氏书里全没有的。这十组或是校改了毫无可疑的错误,或是解决了不能不解决的问题,都是研究《水经注》的学者平日'瘄寐求之'的好宝贝。专治《水经注》的人,见了这些好宝贝,若不采取,那就成了'如入宝山空手回'的笨汉了。"

这就是说,这十组都是偷书的人绝不肯不偷的,都是抄袭的人绝不肯放过的。若单举一两件,也许还有偶然遗漏的可能,多到了几十件,其中并且有几百字或几千字的校语,是绝不会被《水经注》专门学者忽略或遗漏的。

胡适运用这十组证据,只为说明一个问题,即是:"这十组赵有而戴无,赵优而戴劣的校订,都可以证明戴氏没有得见赵氏的校本。"[61]

虽然胡适有了这些反证,但他依然没有断然下定论,他说:"在这四年里,我做了不少的侦查工作,收集了全部证件,写了几十篇大小题目的文字。案情已大致明白了,判决书还没有写成。"[62]

胡适虽然在不少文章中表述了自己对"戴赵公案"的看法,但是在公众面前却一直很谨慎,不愿明确表达出自己对"戴赵公案"的观点。

直到 1952 年 12 月 19 日在台湾大学文学院做专题演讲《〈水经注〉考》，他才从三个方面给"戴赵公案"作了自己的断决：第一，赵一清死在戴东原之前，不会偷戴东原的书。但他的儿子请人刻书，刻书人却用了戴东原的书来改过。第二，不是戴偷赵的书，而是赵的家人偷戴的书。胡适对于这一点，作了详尽的剖析。第三，全祖望的《七校水经注》恶意作伪，恶意冤枉戴东原。胡适也根据史实作了剖析。

胡适在演讲快要结束时说："考证了五年，现在九年了，还不敢发表，此次纪念傅斯年先生，才第一次发表一小部分。我审这个案子一方面作法官，一方面作侦探，并作律师，我作这个工夫，的确很有兴趣。我认为五年的工夫，没有白费，今天以时间太短，不能把经过详细的告诉大家，只有把结论，作一个大概的说明。"[63]

胡适在公众面前做这个结论前，已经打算把"戴赵公案"做一个了结。1952 年 10 月 27 日，胡适写信给赵元任夫妇，在信中写道："人老了，许多'愿'总得还还。现在赶完了《水经注》的'愿'。思想史的'愿'怕要整一年才还得了。"[64]

毋论争议，毋论是非，对胡适来说，他了却了自己的心愿，而且做了最大的努力。至今仍有许多人以为戴东原剽窃了赵一清。而胡适所列的证据应该说是有说服力的，还了戴东原一个清白。

第七章　流亡(1949—1962)

一　图书馆馆长

面对即将倾巢覆灭的中华民国,曾经受过西方文化浓烈熏陶的胡适,心中是既恨且爱。因为蒋介石家族政权统治的灭亡,意味着他所希望建立的西方资产阶级民主体制没有了一丝希望。苦闷中的胡适与傅斯年在 1948 年与 1949 年的新旧年之交的一个夜晚,对酒当歌,吟咏陶渊明的《拟古》诗第九首:"种桑长江边,三年望当采。枝条始欲茂,忽值山河改。柯叶自摧折,根株浮沧海。春蚕既无食,寒衣欲谁待。本不值高原,今日复何悔!"聊以寄托心中的哀怨之情。

也是在这新旧交替的年底,胡颂平来看望胡适。胡适忍不住发牢骚,感慨自己一个落魄之人,还要被民国政府花钱招待。胡颂平则劝他在国外去替民国政府做些工作。胡适有些激动地说:"这样的国家,这样的政府,我怎样抬得起头来向外人说话!"[1]

但胡适还是没有选择余地地去了美国。1949 年 4 月 27 日,胡适到达纽约,寄居于纽约东 81 街 104 号。这是他被民国政府辞去驻美大使职务后租住的房子。美国的朋友们询问他对当下时局的态度时,他回答说:"不管局势如何艰难,我始终是坚定的用道义支持蒋总统的。"[2]1949 年以后,胡适公开表示与共产党敌对的立场。这一年不仅国事让他心烦,家事也让他烦心。胡适到美国后,江冬秀因为在曼谷与儿子新婚的媳妇相处得很不愉快,一直闹着让胡适把她接到美国去,不想再和儿子媳妇待在一起。

胡适很苦恼,他在 1949 年 5 月 22 日给赵元任夫妇去信说:"我这三星期接到冬秀两信,她很有点焦急,很想我把她带出来。但此事颇不容易。我自己的护照,听说已很费事,……但我如何能叫冬秀明白此点? 心境之恶劣,此亦是一个原因。"[3]国事家事一团乱麻的纠结状况终令胡适忍无可忍,于是他在 1949 年 7 月 16 日这一天,"通知中国驻美大使馆,取消一切约会,不接见任何政府或国会的领袖。因为大家成见太深,使我处处碰壁;也因为局势太大,不是私人间的谈话所能转移的。在这个时候,只有替国家保留一些尊严,替国家保留一些人格,所以我取消一切约会"[4]。

几个月后胡适再次向赵元任大倒苦水,说"两个月来,精神上十分苦闷",并且告诉赵元任自己的打算:"我想回去做点我能做的事。第一,决不做官。第二,也不弄考据了。……至于'我能做'什么,我现在还不很明白。也许写文章,也许是演讲,也许是两项都来。"[5]

直到一年后,胡适才得偿所愿,干了一项既不是考据也不是做官的活儿。1950 年 5 月 14 日,胡适在日记中贴了一份跟自己有关的剪报,标题是《胡适博士加盟普林斯顿大学——中国学者出任图书馆馆长》。剪报说:"普林斯顿——前驻美大使、'国立北京大学'校长胡适博士近日加盟普林斯顿大学,被任命为葛思德东方书馆馆长。多德斯校长于昨日宣布。同时,即将于今年七月一日加盟普林斯顿大学的胡博士还被提名为该大学图书馆馆员。"[6]剪报不仅对胡适的经历作了介绍,还对胡适即将赴任的图书馆作了说明:"葛思德东方书馆是美国第二大收藏中国图书的场所,藏书多达 100000 册。"有意思的是,有史料称在 1947 年时,毛泽东就说:"只要胡适不走,可以让他做北京图书馆馆长!"季羡林回忆说:"有天我到校长办公室去见适之先生,一个学生走进来对他说:昨夜延安广播电台曾对他专线广播,希望他不要走,北平解放后,将任命他为北大校长兼北京图书馆的馆长。他听了以后,含笑对那个学生说:'人家信任我吗?'"[7]胡适还是走了,离开了大陆,现在却在大洋彼岸做起了图书馆馆长。

胡适,一个几乎要竞选总统的学者,一个在学术上颇有建树的学者,一个在国外国内颇有知名度的学者,在异国他乡和无数的人一样,过着平凡尴尬的生活。而他却乐在其中。

胡适乐此不疲地默默工作着,而且做出了成绩。一位年轻的副教授李马援这样评价胡适在葛斯德东方图书馆的成绩："自从胡教授答应用他一部分的时间来为葛思德图书馆做些督导（supervision）的工作以来，他对这个图书馆所做的贡献是无法估量的。"[8]李马援将胡适在葛斯德东方图书馆的成绩列出了七条："一、找到了童世纲来做胡的助手，童是一位能干的图书馆员。二、胡与童检视了全馆藏书，胡为此写了一个详细的报告，说明藏书之价值，及功用。三、胡与童为本馆建立了一个新的分类系统，这个系统远胜于原来的分类。四、在胡适的督导下，童世纲对全馆近十万册的书重新整理和安排，使一般人都能使用这批藏书。五、在胡教授的督导下，全馆进行了清理和重新安排的工作。六、胡适与童世纲用葛思德图书馆的材料，举办了一次小型展览。七、胡教授总是极乐意协助他的同事，并花了许多精力来教导那些不如他那么博学的同事。"[9]

李马援所说的展览，是胡适组织筹备的一个叫作"11纪的中国印刷"的展览。胡适为展览会撰写了介绍文章和书展目录。展览会开了两个月，影响颇大。因为这次展览，葛斯德东方图书馆丰富的藏书，令许多学者，尤其是在美国的汉学家们惊讶，他们犹如发现宝藏般兴奋不已。

胡适在葛斯德东方图书馆的两年聘用期很快就到了。也许是因为胡适的薪水，普林斯顿大学葛斯德东方图书馆决定聘用薪水低的童世纲，接替胡适担任葛斯德东方图书馆馆长，但胡适的成绩与威望又让普林斯顿大学难以开口辞退他。于是普林斯顿大学决定聘请胡适为葛斯德东方图书馆荣誉馆长。荣誉馆长只是一个头衔，不会有什么实质性的工作，更不会有薪水，实质也就是解聘胡适了。可胡适接到这封邀请他做荣誉馆长的信函后，立即给普林斯顿大学校长回了信，表达他的感谢之情："我为葛思德图书馆所做微不足道的一些工作真是太少了——，你们却用这样热情的方式来表示感谢，这让我非常感动。"信尾处，胡适说："我以诚恳感激的心情来接受你的邀请。诚如我在最近一封信中告诉你，我将继续为葛思德图书馆及普林斯顿大学略尽绵力。"[10]

胡适无怨无悔,他是打心底真诚地热爱着葛斯德东方图书馆。胡适的一位朋友,知道胡适生活过得比较拮据,便想到了以高价收买胡适藏书原本《清实录》来帮助他的办法。可是,当他向胡适表达了自己的购买意图时,胡适却说他已经决定把这套书赠送给葛斯德东方图书馆了。

1950年5月底,江冬秀获得签证,即将乘飞机前往美国与胡适相伴。胡适接到江冬秀动身来美的电文后,立即写信给赵元任夫妇,希望他们能到机场去接江冬秀。胡适又担心赵元任夫妇收不到快信,接着又给叶良才写了快信。

江冬秀来美国的行程,胡适一路上都十分关心,江冬秀每到一处,他都会给那里的朋友电函请求予以接待。在胡适的关照下,江东秀于6月9日到达纽约,一对离多聚少的夫妻相聚了。

一个学者、一个村姑搭配的老两口,开始在异国他乡过着平平淡淡的生活。朋友赵元任想把一套2000多册的《四部丛刊》送给胡适并给他寄过来,胡适连忙去信谢绝:"我这里绝对没有地方安放。一个书架此时已很不易得,何况二一〇〇册至少要四个或五个大书架?(若有书架,必须六七大架,怕还不够。)冬秀对于书架,绝对不感兴趣,他绝对不能帮我的忙。"[11]

两个人虽然在一起了,却过着各自的生活。胡适搞学术,江冬秀打麻将。两人拮据清贫的生活,竟还招来窃贼的光顾。不知道江冬秀是大胆,还是机智,竟化险为夷。那天,江冬秀独自一人在家中厨房做饭。一个魁梧身材的窃贼,忽然从防火楼梯处破窗而入。江冬秀不知哪里来的胆量,径直走向公寓大门,把门打开,反身对那窃贼大叫一声:"GO!"这粗壮的窃贼,看着江冬秀,竟乖乖地从门口"GO"了。江冬秀又走回厨房做饭去了。

《胡适口述自传》的作者唐德刚回忆自己与胡适的一次经历说:"记得有一次我开车去接他,但是电话内我们未说清楚,他等错了街口。最后我总算把他找到了。可是当我在车内已看到他,他还未看到我之时,他在街上东张西望的样子,真是'惶惶如丧家之犬!'等到

胡适与江冬秀

他看到我的车子时，那份喜悦之情，真像 3 岁孩子一样的天真。"[12]

唐德刚作为胡适的好朋友绝没有贬斥胡适之意，他只是如实地反映出在胡适寄居他人篱下时，那种失魂落魄的心境而已。

二　儿子的批判

胡适离开中国大陆时，他最小的儿子胡思杜不愿随行，坚持留了下来。胡适没有想到的是，有一天他会受到来自儿子的批判。1950 年 9 月 23 日，胡适这一天的日记里只粘贴了一份剪报，其内容为：

　　左派报纸《大公报》今日发表胡思杜先生文章之第二部分，文章题目为《我的思想总结》。文章以其个人的名义发表，痛斥其父胡适博士为"反动阶级的忠臣及人民的敌人"。

　　"在他没有回到人民的怀抱来以前，他总是人民的敌人，也是我自己的敌人。"他声明说。

　　胡适博士目前正侨居美国。

　　该声明反映了作者在阅读共产主义小册子的整个过程中，所经历的情感与政治信仰之间的"斗争"。

　　作者透露说，他必须经过两个而不是一个"学生代表会议的审查"，暗示他的第一次"忏悔"未达到要求的标准。[13]

　　9 月 26 日，胡适又剪贴了与思杜有关的报纸。这天剪贴的是《华侨日报》一篇文章，标题是《胡适被自己之儿子声讨为帝国主义走狗及人民公敌》。

　　再两日，9 月 28 日，胡适将报纸上登载的胡思杜写的《对我父亲——胡适的批判》一文剪贴下来：

　　　　在旧社会中，我把我的父亲看作是个"清高的""纯洁的"好人。解放后，有批评他的地方，自己就有反感。周总理到北大讲话说"胡适之根本不认识什么是帝国主义"。心中反感已极；以为以我父亲的渊博，竟不知什么是帝国主义，宁非侮辱。在华大时，仍以为父亲"作恶无多"。学社会发展史以后，想法稍有转变。经过学代选举前两次检讨会，使我了解在这问题上自己仍是站在反动的臭虫立场。结合社会发展史、国家与革命、中国革命简史的学习，邓拓、何干之等同志的著作，自己斗争的结果，试行分析一下我父亲在历史上的作用。[14]

　　思杜在这篇对于父亲的批判的文章中，除了避开新文化运动时期不谈，对胡适其他各个历史阶段的行为都予以否定和批判。思杜最后写道：

> 在他没有回到人民的怀抱来以前，他总是人民的敌人，也
> 是我自己的敌人。在决心背叛自己阶级的今日，我感受了在父
> 亲问题上有划分敌我的必要。经过长期的斗争，我以为在阶级
> 上大致划分了敌我，但是在感情上仍有许多不能明朗割开的地
> 方。除了自己随时警惕这种感情的危害性以外，我并要求自己
> 树立起工农大众的感情来。在了解工农的伟大，自己胜利的参
> 加土改后，我想一定会决绝这种狭隘的非无产阶级的□性感
> 情的。[15]

关于胡思杜对他的批判，胡适一反常态，对公众保持了沉默，他
只是在 9 月 28 日这一天的日记中，简单地记下了几行字："大春与
K.C.Li 都送我《大公报》此文。宋以忠剪送《工商报》也有此文。可
见此文是奉令发表的。"[16]

胡思杜是胡适的第三个孩子，所以小名又称小三。胡适的大儿
子名为胡祖望；女儿素斐，很小就因病去世。

胡思杜幼时体质孱弱，患有肺病，小学读书时，因为身体原因，
常常辍学在家。抗日战争时，他随母亲江冬秀在上海租界避难，胡
适便委托一个朋友代为照管。一段时间后，胡适收到朋友来信，言
胡思杜在学习上不思进取，恐怕以后沾染上当时上海青年的恶习，
希望胡适引起注意。于是 1941 年 5 月，胡适把胡思杜接到了美国
读书。

直到 1948 年的夏天，胡思杜才回到北平。当时，许多人给胡思
杜介绍工作，都被胡适婉拒了，最后胡思杜被安排去北京大学图书
馆工作。可是这一年冬天，胡适与江冬秀却要离开北平了。临行
时，江冬秀因为思杜执意留下来，非常难过，却又拗不过胡思杜，只
好把一些细软和金银首饰留给了思杜，便离开了。他们万万没有想
到，这一别竟是永诀了。

胡适全家福

　　新中国成立以后,胡思杜被组织去华北革命大学(今中国人民大学前身)学习、改造。临走之前,他把母亲留给他的一皮箱的贵重物品存放在亲戚那里。学习、改造结束后,他取走了皮箱,说是要把这些东西上交给共产党的上级组织,还说要加入中国共产党。后来他就去了唐山铁道学院"马列部"教授历史。

　　胡适夫妇与胡思杜分别后,断断续续从亲戚的来信中获悉了一些他的近况。从1950年胡适收集在日记中的亲戚寄给江冬秀的信中可以看出,胡思杜当时的状况还不错:"小三的情形请你千万放心,他看明了情势,一定要离开,去华北研究部。当时朋友们都替他反复考虑,可没有反对他去的意思。我起初有点担心。他得的津贴,可以维持相当好的生活,我常见着他,觉得他相当快乐,身体也似乎好些。现在反觉得他的原来的办法是相当有远见的。他也快毕业了,毕业后可以就一个适当的事。"[17]

可是,随着时间的推移,反右斗争逐渐兴起。胡思杜也被学校领导定为"右派"分子。

学校里批判胡思杜和胡适的大字报铺天盖地而来,无休止的批斗大会终于让他精神崩溃了。1957年的秋天,胡思杜留下一份遗书后,绝望地上吊自杀。当他的远房亲戚接到这个消息赶到唐山,他已经静静躺在棺材里,凄然离去。亲戚在郊外掩埋了他。胡思杜在遗书中说:"现在我没有亲人了,也只有你了。你来了我一定不在了。找我的一个同事,他会告诉你我的一些情况。你是我最亲的人了。现在我已经死了,你不要难过。你能吃苦、耐劳,我剩下的600多元钱(现金)、公债券200多元,你的孩子若能上学的话,供给他们上大学。一个手表也给你,留个纪念。希望你们努力工作,你的孩子们好好学习,为社会主义立点功。"[18]

胡思杜的死,因为当时消息的闭锁,胡适一家全然不知。即便后来海外也流传思杜自杀的消息,胡适一家却不能确定。直至胡适去世,他也不清楚自己的儿子小三是否还活着。

"文革"末期,思杜的哥哥祖望曾在1974年至1975年前后,从美国写信给舅舅江泽涵,询问弟弟是否还活着。但在当时的政治氛围下,舅舅一家人是不可能回信给祖望的。

胡思杜的远房堂弟胡恒立后来回忆说:

> 思杜是个平时不好读书的人。他喜欢交朋友,喜欢玩。我们在北京的十几位堂兄弟姐妹中,他最幽默风趣,会说俏皮话,有时办事(行动上)也滑稽可笑。因为我们是作为胡适的远房亲属移居北京(当时叫北平)谋生的,生活上自然也多得胡适的照护。其中我兄妹间能读大学,并在大学里工作,也主要是因胡适的影响所致。思杜长得圆(胖)乎乎的,一说话就笑。我们兄弟姐妹聚会时,只要他在,气氛就会很活跃(按:依自今北京的话,可称思杜为"玩主")。他花钱大方,交朋友也大方,生活

中是个乐天派。他到后来自杀身亡，纯属不得已，是精神上完全崩溃了。[19]

家庭，只是社会中一个小小的点。可一旦社会政治风云变幻，家庭也会风吹草动起来。是祸是福，谁人知晓？胡适为自己的理想可谓毫无希望地奋斗了一生，连带给家庭的也是悲怆。

三　雷震案

在中国实现自由民主的政治理想是胡适毕生的追求。因此，当他看到自己的老友、曾经的战友陈独秀在晚年的著述中，流露出追求和赞同民主与自由的思想时，感叹道："读《陈独秀最后论文和书信》，深喜他晚年大有进步，已不是'托派'了，已走上民主自由的路了。"[20]胡适倍觉欣喜，意识到要引导人们形成民主自由的意识，创造一个有利于其存在的政治环境是非常重要的。出于这样的目的，胡适竭力撺掇一批具有民主自由思想的人创办了一份宣扬自由民主思想的杂志。

胡适离开大陆之前，曾多次与雷震、杭立武等人商谈办刊一事，雷震后来回忆说："我们集谈结果主张办个刊物，宣传自由与民主……以之挽救人心。……以《自由中国》为报刊的名字，亦系胡适命名。盖仿照当年法国戴高乐之《自由法国》也。我主张办日报，因为在影响沦陷区人心上定期刊物已经时间来不及了。胡适倒是主张办定期刊物，为周刊之类，他说：'凡是宣传一种主张者，以定期刊物为佳，读者可以保存，不似报纸一看过就丢了。'结果由我决定如何进行，我决定筹措十万美金在上海办日报。"[21]

1949 年 4 月 16 日，胡适赴美，途中仍不忘记写信给雷震等朋友，言他并不满意他自己撰写的《宗旨》一文，建议雷震他们再找人仔细斟酌，他甚至还向他们推荐了傅斯年。有意思的是，胡适一面积极撺掇这件事，一面又有点避讳，不愿具名。此时的胡适，不知道又在担心什么。

《宗旨》是胡适为《自由中国》杂志所写的发刊词。"宗旨"包括以下四条：第一，"我们要向全国国民宣传自由与民主的真实价值，并且要督促政府（各级的政府）切实改革政治、经济，努力建立一个自由民主的社会"；第二，"我们要支持并监督政府用种种力量抵抗共产党铁幕之下剥夺一切自由的极权政治，不让它扩张它的势力范围"；第三，"我们要尽我们的努力，援助沦陷区域的同胞，帮助他们早日恢复自由"；第四，"我们的最后目标是要使整个中华民国成为自由的中国"。[22]这几条追求自由民主中国的宗旨在《自由中国》的每一期杂志上都有刊载。

1949 年 11 月 20 日，《自由中国》创刊号在台北出版，它采取半月刊的形式，胡适为发行人，雷震负责杂志的具体出版发行实务。此时的胡适虽然在美国正过着清贫的生活，却心系台湾政治。当他收到雷震寄来的一、二期《自由中国》杂志后，立即写信给雷震，表达了自己对杂志把他列为发行人的不满。他认为这是作伪，不是发起救国运动的好榜样。朋友们力劝胡适担当此责，胡适才对此事不了了之。

一年多以后，胡适再次去信要求取消杂志上印行的"发行人胡适"这一行字。起因是 1951 年 6 月，《自由中国》刊载了《政府不可诱人入罪》一文，胡适读后，盛赞这篇文章是"有事实、有胆气，态度很严肃负责，用证据的方法也很细密，可以说是《自由中国》出版以来数一数二的好文字，够得上《自由中国》的招牌"。但没想到不久后，《自由中国》又登出了一篇《再论经济管制的必要》的文章，赔罪道歉。这让胡适非常失望，他在信中说："我因此细想，《自由中国》不能有言论自由，不能有用负责态度批评实际政治，这是台湾政治的最大耻辱。"[23]

1956 年 10 月 31 日，蒋介石七十大寿。蒋介石想借民主装点自己的生日，表现一下自己的民主意识，于是发出通知，搞了一个"婉拒祝寿贡献建议"的花样，"均盼海内外同胞直率抒陈所见、俾政府洞察舆情，集纳众议，虚心研讨，分别缓急，采择实施"[24]，希望台湾民众从六个方面包括其私生活方面，提出意见和看法。

《自由中国》的同仁们，借着这个机会，发起了一个"祝寿专号"，登载了六篇有关文章，其中有关于"总统"连任问题的，有关于军队"国家化"问题的，都是蒋介石最头痛最敏感的问题。胡适撰写了《述艾森豪总统的两个故事给"蒋总统"祝寿》一文，以发生在美国总统

胡适(左)与雷震

艾森豪威尔身上的两个故事，暗示蒋介石应做到"无智、无能、无为"，"努力做一个无智而能的'御众智'，无能无为而能'乘众势'"的元首，不要再继续连任"总统"，放手让别人去做。

意想不到的是，"祝寿专号"成了台湾街谈巷议的热门话题，甚至于扩散至农村村寨之中。这一期的《自由中国》增印了 11 次。蒋介石没想到自己的虚情假意，竟招致如此言论。他非常愤怒，精心策划了对《自由中国》的反击。首先，运用国民党控制的报刊开始了长达半年的对《自由中国》的文化围剿，在国民党的重要报刊《"中央日报"》上载文对《自由中国》的"祝寿专号"进行批判攻击，同时在党和军队内部下发一个"极机密"的第 99 号"特种指示"。《向毒素思想总攻击》的"特种指示"一共 9 条，详细安排了今后一个时期台湾各级党部、各部队开展批判《自由中国》"祝寿专号"的步骤、方法。几天之后，一本长达 61 页、计 2.4 万字的宣传小册子《向毒素思想总攻击》又下发到军中，对《自由中国》"祝寿专号"的思想发起批判。国民党就这样通过秘密和公开的两种方式对《自由中国》展开了文化围剿。胡适心中非常明白："这大半年来所谓的'围剿'《自由中国》半月刊的事件，

其中受'围剿'的一个人就是我……"[25]

在这场围剿中胡适的身体垮了,他常常大口地吐血,肠胃的毛病又发作了。1957年2月19日,胡适住进医院,做了手术,又在医院里养了20多天后才出院。

由于蒋介石在政治上的连任,崇尚美国民主自由政治的《自由中国》的同仁们,对此是不以为然的。1957年时,雷震写信给胡适,希望他出面建立反对党,胡适拒绝了雷震的提议。但是胡适并不是反对建立反对党,只是不愿意抛头露面而已。胡适在回台后的一次演讲中说:"今天大家觉得一党当政的时间太久了,没有一个制裁的力量,流弊甚多,应该有一个别的党派出来。我在多年前曾公开说过,希望中国国民党能学土耳其凯末尔的榜样。党内分化为两个党,但直到今天都还没有出来。现在可否让教育界、青年、知识分子出来组织一个不希望取得政权的在野党。一般手无寸铁的书呆子出来组党,大家总可相信不会有什么危险,政府也不必害怕。从这里找出一个新的方向走去,产生一个没有危险,不可怕的在野党,将来也许可以走到一个新的方向。"[26]胡适作为民主自由的领头人物,他说的话是有号召力的。雷震等听了胡适的这番话后,十分振奋,于是建立新党的工作就紧锣密鼓地开展起来。

1960年,雷震发起中国民主党组党运动。6月30日,雷震、夏涛声趁看望胡适的机会,请求胡适支持他们建立反对党。胡适首先申明不能拿它来做武器,接着说如果他们将来组织成了一个像样的反对党,他可以公开表示赞成,但绝不会参加。

7月12日,雷震、夏涛声、傅正赴彰化演讲。雷震在演讲中,声明新党将在10月前成立,并将争取下届县市议员。7月29日,国民党《"中央日报"》刊登社论《论政党的承认问题》,对新党断然予以否认。9月4日,台湾当局以"知匪不报"的罪名逮捕并起诉雷震,判处其十年徒刑,这就是轰动一时的"雷震案"。

胡适知道此事后,认为是自己害了雷震:"我虽不杀伯仁,伯仁因我而死。"雷震被捕时,胡适正在美国。美联社的记者就此事采访了他，"'中国驻美大使'的胡适博士，本日对《自由中国》半月刊发行人雷震之被捕'涉嫌叛乱'罪，甚表奇异，并认为完全出乎意料"；"胡适认为：雷震是一个爱'国'者，并且无疑是反共的。他敦促'中国政府'循普通司法程序审判雷震，而不由军法来审判他"；"胡适还说："十年以来，《自由中国》是一本自由的新杂志，对此一事件之发生，我至表遗憾。'"[27]

雷震案至此似乎告一段落，蒋介石也靠暴力获得了他想要的政治平静。胡适虽然内心支持雷震，支持反对党的建立，但另一面他又不愿意得罪蒋家父子。这是胡适一生在政治上不愿意用强力的必然结果。

四　胡适往哪里去？

胡适离开大陆后，中国共产党也曾作出努力，希望这位著名学者能回归大陆。但是由于他在政治上推崇美国的民主自由，学术上坚持实验主义，与中国共产党在意识形态上坚持以马克思列宁主义、毛泽东思想作为一切工作指导思想的差异难以调和，胡适最终未能回来。正是因为这种差异性，以及胡适曾经在大陆文化界的影响力，使得后来大陆在文化的各个领域展开对胡适的批判。这个批判从时间跨度上来说也是比较长的。

1950 年 6 月 13 日，胡适在日记中言，一位朋友从香港给他去了一封信，说："今天是'五四'，国内有许多人谩骂你，但也有很多人想起你，表示无限的崇敬和关怀。"[28]

1951 年 12 月 7 日，胡适在日记中剪贴了香港《大公报》关于北京高校学习运动的新闻：

　　北京大学汤用彤副校长说："北大最近讨论胡适的问题比较深入。先由各小组讨论，发现问题，再从全校约请对胡适比较熟悉的老教授开小型座谈会，使讨论更深入一步。在小型座谈会的基础上再开大的座谈会,收效更大。"[29]

座谈会收获了什么结果呢?当天日记中粘贴的另一则新闻做了详细的记述:

〔又讯〕十一月十四日晚,北京大学汤副校长召集了十三位老教授,座谈北大一贯的主导思想问题,通过老教授们的亲身体验,并着重从历来的代表人物来进行分析的结果,公认胡适是一个具有代表性的,在旧学术界集反动之大成的人物。会上发言热烈,罗常培先生并联系自己思想进行批判;特别是向达先生,反映历史系小组讨论时的情况,他们对胡适的学阀作风和反动行为举出许多生动的实例,作了感人的控诉,表现了极大的愤慨。[30]

1954 年,毛泽东一封关于《红楼梦》研究的信,再一次开启了对胡适猛烈的批判。起因正如毛泽东所说,是两个"小人物"。两个小人物运用马列主义的辩证唯物主义历史观质疑深受胡适学术思想影响的俞平伯的《红楼梦》学说,但其质疑文章始终无法发表。从这件微不足道的小事,毛泽东敏锐地觉察到了思想领域中无产阶级与资产阶级的较量,于是在信中指示:"看样子,这个反对在古典文学领域毒害青年三十余年的胡适派资产阶级唯心论的斗争,也许可以开展起来了。"1955 年 1 月,河南人民出版社出版《胡适思想批判文集》,并在第一集《出版者的话》中写道:"紧随着对俞平伯在《红楼梦》研究中错误观点的批判,目前全国又正在展开范围广泛的对胡适派资产阶级唯心论反动思想的批判。……中国科学院和中国作家协会已经决定召开胡适思想批判讨论会,并已拟定九项内容,分别就政治思想、哲学思想、历史观点、文学思想和其他有关方面全面系统地批判胡适的反动思想。"从这段话可以看出那段时间对胡适批判的来龙去脉。同样名称的批判胡适的书,三联书店前后共出版了八集。足见这一次对胡适的批判是非常广泛和巨大的。

面对大陆的批判，胡适本来打算写一篇文章回应，题目叫作《论中共清算胡适思想的历史意义》。胡适计划写一万多字，后来发现这是个非同小可的问题，必须从重新估价中国的"文艺复兴运动"写起。这样写法很费力，胡适便把这打算暂时搁置了。

中国共产党对胡适的批判，是共产党与胡适之间的意识形态的观念差异所决定的必然之举。大陆对胡适的批判，胡适可说是隔岸观火。而自从他1958年定居台湾，并被任命为"中央研究院"院长以后，以资产阶级民主标榜的台湾当局，在政治主张上并不能令胡适满意。可以说，1960年的"雷震案"让胡适在精神上受到了很大的打击。胡适为了"雷震案"，曾与国民党的高官甚至与蒋介石沟通过，却毫无结果。"雷震案"彻底击伤了胡适。这令已行将耄耋的胡适心中惆怅。胡适不无沮丧地说："我不是帮雷震的忙，而是帮'国家'的忙，因为雷案已使'国家'的声望受到损失。"[34]

1961年1月，雷震妻子去看望胡适，胡适对她说："你告诉雷先生，我因种种原因，一直未去看他，很对不起。但我心里总惦记着他。国民党把他当敌人，我仍把他当英雄、同事、朋友。我虽然未坐牢，心情并不比他轻松，而且在我的内心深处，也就是思想上，与他在一起坐牢。"[35]

这是胡适真实内心的写照。与其说是雷震被台湾当局逮捕处刑，不如说是胡适的思想从此被监禁了起来。此后的一年里，胡适几乎都在病痛中度过。在大陆，胡适没有说话的时空，也没有听众。在台湾，胡适失去了说话的空间，哑然的孤寂令他落寞。胡适将向何处去？

1962年2月24日，上午九时，胡适到"中央研究院"主持研究院院士会议，会上选举了七名新院士。下午五时，举行欢迎新院士酒会。副院长李济讲话时，对于台湾的科学不免有几分悲观，又特意提到1961年11月6日胡适作的一篇英文讲话：《科学发展所需要的社会改革》。胡适这篇演讲词曾受到一些人的"围剿"，甚至还有"立

在台湾的胡适

法委员"竟在"立法院"对胡适的讲演提出质询。李济表示他也对那次讲演中的观点有些不敢苟同。李济重提此事,令胡适心中不快。胡适没想到他的观点在社会中受"围剿",在"中央研究院"内也竟有人不赞成,顿时脸色肃然。随后胡适说:"我去年说了廿五分钟的话,引起了'围剿',不要去管它,那是小事体,小事体。我挨了四十年的骂,从来不生气,并且欢迎之至……"胡适的情绪越发激动,忽然面色苍白,晃了一晃,仰身向后倒下。

会场内顿时一片慌乱。经过一阵抢救后,均无济于事。七时二十五分,台大医院的杨思标医生匆匆赶到,他蹲在地上摸摸胡适的脉搏,看看瞳孔,然后缓缓起身,摇摇头说:"已经……十多分钟了。"不久,听闻胡适倒下的江冬秀奔进了会场,她见静静躺在那里的胡适,当即号啕,数小时不止,直至昏厥过去。

2月25日,胡适灵堂布置完成,他的遗体安放在台北极乐殡仪馆的上天厅(后移至极乐厅)。胡适生前不赞成骈文、对子,所以他的遗嘱要求不做挽联。但各界送来的挽联依然一律挂出。

其中有:

先生去了,黄泉如遇曾雪芹,问他红楼梦底事?
后辈知道,今世幸有胡适之,教人白话做文章。

蒋介石也送来了一副挽联:

新文化中旧道德的楷模;
旧伦理中新思想的师表。

唐代诗人崔颢有诗云:"昔人已乘黄鹤去,此地空余黄鹤楼。黄鹤一去不复返,白云千载空悠悠。晴川历历汉阳树,芳草萋萋鹦鹉洲。日暮乡关何处是,烟波江上使人愁。"胡适走了,是否乘黄鹤而去,不知道。那么又是否能知道,如果他还留在这世上,哪里是他立足的地方? 他真的没有立足之地? 他真的没有去处吗?

注　释

第一章　启蒙(1890—1904)

[1] 胡适:《胡适口述自传》,见欧阳哲生编:《胡适文集(1)》,北京大学出版社 1998 年版,第 177 页。

[2] 胡适:《胡适口述自传》,见欧阳哲生编:《胡适文集(1)》,北京大学出版社 1998 年版,第 180 页。

[3] 胡适:《胡适口述自传》,欧阳哲生编:《胡适文集(1)》,北京大学出版社 1998 年版,第 180—181 页。

[4] 胡适:《希望》,见欧阳哲主编:《胡适文集(9)》,北京大学出版社 1998 年版,第 180 页。

[5] 胡适:《胡适口述自传》,见欧阳哲生编:《胡适文集(1)》,北京大学出版社 1998 年版,第 188 页。

[6] 胡适:《四十自述》,见欧阳哲生编:《胡适文集(1)》,北京大学出版社 1998 年版,第 33—34 页。

[7] 胡适:《胡适口述自传》,见欧阳哲生编:《胡适文集(1)》,北京大学出版社 1998 年版,第 190 页。

[8] 胡适:《四十自述》,见欧阳哲生编:《胡适文集(1)》,北京大学出版社 1998 年版,第 44 页。

[9] 胡适:《四十自述》,见欧阳哲生编:《胡适文集(1)》,北京大学出版社 1998 年版,第 44 页。

[10] 胡适:《四十自述》,见欧阳哲生编:《胡适文集(1)》,北京大学出版社 1998 年版,第 44 页。

[11] 胡适:《四十自述》,见欧阳哲生编:《胡适文集(1)》,北京大学出版社 1998 年版,第 53 页。

[12] 胡适:《四十自述》,见欧阳哲生编:《胡适文集(1)》,北京大

学出版社 1998 年版,第 54 页。

　　[13] 胡适:《先母行述》,见欧阳哲生编:《胡适文集(2)》,北京大学出版社 1998 年版,第 599 页。

　　[14] 胡适:《先母行述》,见欧阳哲生编:《胡适文集(2)》,北京大学出版社 1998 年版,第 599 页。

　　[15] 胡适:《四十自述》,见欧阳哲生编:《胡适文集(1)》,北京大学出版社 1998 年版,第 54 页。

　　[16] 胡适:《四十自述》,见欧阳哲生编:《胡适文集(1)》,北京大学出版社 1998 年版,第 47 页。

　　[17] 胡适:《四十自述》,见欧阳哲生编:《胡适文集(1)》,北京大学出版社 1998 年版,第 46 页。

　　[18] 胡适:《四十自述》,见欧阳哲生编:《胡适文集(1)》,北京大学出版社 1998 年版,第 48 页。

　　[19] 胡适:《四十自述》,见欧阳哲生编:《胡适文集(1)》,北京大学出版社 1998 年版,第 45 页。

　　[20] 胡适:《四十自述》,见欧阳哲生编:《胡适文集(1)》,北京大学出版社 1998 年版,第 49 页。

　　[21] 胡适:《四十自述》,见欧阳哲生编:《胡适文集(1)》,北京大学出版社 1998 年版,第 49 页。

　　[22] 胡适:《四十自述》,见欧阳哲生编:《胡适文集(1)》,北京大学出版社 1998 年版,第 49—50 页。

　　[23] 胡适:《四十自述》,见欧阳哲生编:《胡适文集(1)》,北京大学出版社 1998 年版,第 50 页。

　　[24] 胡适:《四十自述》,见欧阳哲生编:《胡适文集(1)》,北京大学出版社 1998 年版,第 50 页。

　　[25] 胡适:《四十自述》,见欧阳哲生编:《胡适文集(1)》,北京大学出版社 1998 年版,第 51 页。

　　[26] 胡适:《四十自述》,见欧阳哲生编:《胡适文集(1)》,北京大学出版社 1998 年版,第 51—52 页。

［27］胡适:《四十自述》,见欧阳哲生编:《胡适文集(1)》,北京大学出版社 1998 年版,第 52 页。

［28］胡适:《四十自述》,见欧阳哲生编:《胡适文集(1)》,北京大学出版社 1998 年版,第 52 页。

［29］胡适:《四十自述》,见欧阳哲生编:《胡适文集(1)》,北京大学出版社 1998 年版,第 53 页。

［30］胡适:《四十自述》,见欧阳哲生编:《胡适文集(1)》,北京大学出版社 1998 年版,第 52 页。

［31］胡适:《四十自述》,见欧阳哲生编:《胡适文集(1)》,北京大学出版社 1998 年版,第 52 页。

［32］胡适:《四十自述》,见欧阳哲生编:《胡适文集(1)》,北京大学出版社 1998 年版,第 52 页。

［33］胡适:《四十自述》,见欧阳哲生编:《胡适文集(1)》,北京大学出版社 1998 年版,第 52 页。

［34］胡适:《四十自述》,见欧阳哲生编:《胡适文集(1)》,北京大学出版社 1998 年版,第 53 页。

［35］胡适:《四十自述》,见欧阳哲生编:《胡适文集(1)》,北京大学出版社 1998 年版,第 53 页。

［36］胡适:《四十自述》,见欧阳哲生编:《胡适文集(1)》,北京大学出版社 1998 年版,第 53 页。

［37］胡适:《四十自述》,见欧阳哲生编:《胡适文集(1)》,北京大学出版社 1998 年版,第 53 页。

［38］胡适:《四十自述》,见欧阳哲生编:《胡适文集(1)》,北京大学出版社 1998 年版,第 53 页。

［39］胡适:《四十自述》,见欧阳哲生编:《胡适文集(1)》,北京大学出版社 1998 年版,第 59 页。

［40］胡适:《四十自述》,见欧阳哲生编:《胡适文集(1)》,北京大学出版社 1998 年版,第 59 页。

［41］胡适:《四十自述》,见欧阳哲生编:《胡适文集(1)》,北京大

学出版社 1998 年版,第 59 页。

[42] 胡适:《四十自述》,见欧阳哲生编:《胡适文集(1)》,北京大学出版社 1998 年版,第 59 页。

[43] 胡适:《四十自述》,见欧阳哲生编:《胡适文集(1)》,北京大学出版社 1998 年版,第 60 页。

[44] 胡适:《四十自述》,见欧阳哲生编:《胡适文集(1)》,北京大学出版社 1998 年版,第 61 页。

[45] 胡适:《四十自述》,见欧阳哲生编:《胡适文集(1)》,北京大学出版社 1998 年版,第 62 页。

[46] 胡适:《四十自述》,见欧阳哲生编:《胡适文集(1)》,北京大学出版社 1998 年版,第 64 页。

第二章　历练(1904—1910)

[1] 胡适:《四十自述》,见欧阳哲生编:《胡适文集(1)》,北京大学出版社 1998 年版,第 45 页。

[2] 胡适:《四十自述》,见欧阳哲生编:《胡适文集(1)》,北京大学出版社 1998 年版,第 65 页。

[3] 胡适:《四十自述》,见欧阳哲生编:《胡适文集(1)》,北京大学出版社 1998 年版,第 65 页。

[4] 胡适:《四十自述》,见欧阳哲生编:《胡适文集(1)》,北京大学出版社 1998 年版,第 67 页。

[5] 胡适:《四十自述》,见欧阳哲生编:《胡适文集(1)》,北京大学出版社 1998 年版,第 67 页。

[6] 胡适:《四十自述》,见欧阳哲生编:《胡适文集(1)》,北京大学出版社 1998 年版,第 71 页。

[7] 胡适:《四十自述》,见欧阳哲生编:《胡适文集(1)》,北京大学出版社 1998 年版,第 72 页。

[8] 胡适:《四十自述》,见欧阳哲生编:《胡适文集(1)》,北京大

学出版社 1998 年版,第 68 页。

[9] 胡适:《四十自述》,见欧阳哲生编:《胡适文集(1)》,北京大学出版社 1998 年版,第 68 页。

[10] 胡适:《四十自述》,见欧阳哲生编:《胡适文集(1)》,北京大学出版社 1998 年版,第 68 页。

[11] 胡适:《四十自述》,见欧阳哲生编:《胡适文集(1)》,北京大学出版社 1998 年版,第 69 页。

[12] 胡适:《四十自述》,见欧阳哲生编:《胡适文集(1)》,北京大学出版社 1998 年版,第 69 页。

[13] 胡适:《四十自述》,见欧阳哲生编:《胡适文集(1)》,北京大学出版社 1998 年版,第 69 页。

[14] 胡适:《四十自述》,见欧阳哲生编:《胡适文集(1)》,北京大学出版社 1998 年版,第 70 页。

[15] 胡适:《早年文存》,见欧阳哲生编:《胡适文集(9)》,北京大学出版社 1998 年版,第 409 页。

[16] 胡适:《四十自述》,见欧阳哲生编:《胡适文集(1)》,北京大学出版社 1998 年版,第 70 页。

[17] 胡适:《四十自述》,见欧阳哲生编:《胡适文集(1)》,北京大学出版社 1998 年版,第 70 页。

[18] 胡适:《四十自述》,见欧阳哲生编:《胡适文集(1)》,北京大学出版社 1998 年版,第 71 页。

[19] 胡适:《北京大学图书馆藏胡适未刊书信日记》,清华大学出版社 2003 年版,第 16 页。

[20] 胡适:《北京大学图书馆藏胡适未刊书信日记》,清华大学出版社 2003 年版,第 17 页。

[21] 胡适:《北京大学图书馆藏胡适未刊书信日记》,清华大学出版社 2003 年版,第 17 页。

[22] 胡适:《北京大学图书馆藏胡适未刊书信日记》,清华大学出版社 2003 年版,第 17 页。

[23] 胡适:《北京大学图书馆藏胡适未刊书信日记》,清华大学出版社 2003 年版,第 32 页。

[24] 胡适:《北京大学图书馆藏胡适未刊书信日记》,清华大学出版社 2003 年版,第 33 页。

[25] 胡适:《四十自述》,见欧阳哲生编:《胡适文集(1)》,北京大学出版社 1998 年版,第 74—75 页。

[26] 胡适:《四十自述残稿六件》,见耿云志主编:《胡适遗稿及秘藏书信(5)》,黄山书社 1994 年版,第 519 页。

[27] 胡适:《四十自述》,见欧阳哲生编:《胡适文集(1)》,北京大学出版社 1998 年版,第 77 页。

[28] 胡适:《四十自述》,见欧阳哲生编:《胡适文集(1)》,北京大学出版社 1998 年版,第 77 页。

[29] 胡适:《四十自述》,见欧阳哲生编:《胡适文集(1)》,北京大学出版社 1998 年版,第 79 页。

[30] 胡适:《四十自述》,见欧阳哲生编:《胡适文集(1)》,北京大学出版社 1998 年版,第 79 页。

[31] 胡适:《四十自述》,见欧阳哲生编:《胡适文集(1)》,北京大学出版社 1998 年版,第 79 页。

[32] 胡适:《四十自述》,见欧阳哲生编:《胡适文集(1)》,北京大学出版社 1998 年版,第 79 页。

[33] 胡适:《四十自述》,见欧阳哲生编:《胡适文集(1)》,北京大学出版社 1998 年版,第 79 页。

[34] 胡适:《四十自述》,见欧阳哲生编:《胡适文集(1)》,北京大学出版社 1998 年版,第 80 页。

[35] 胡适:《四十自述》,见欧阳哲生编:《胡适文集(1)》,北京大学出版社 1998 年版,第 80 页。

[36] 胡适:《四十自述》,见欧阳哲生编:《胡适文集(1)》,北京大学出版社 1998 年版,第 80 页。

[37] 胡适:《四十自述》,见欧阳哲生编:《胡适文集(1)》,北京大

学出版社 1998 年版,第 85 页。

〔38〕胡适:《四十自述》,见欧阳哲生编:《胡适文集(1)》,北京大学出版社 1998 年版,第 85 页。

〔39〕胡适:《四十自述》,见欧阳哲生编:《胡适文集(1)》,北京大学出版社 1998 年版,第 85 页。

〔40〕胡适:《四十自述》,见欧阳哲生编:《胡适文集(1)》,北京大学出版社 1998 年版,第 85 页。

〔41〕胡适:《四十自述》,见欧阳哲生编:《胡适文集(1)》,北京大学出版社 1998 年版,第 85 页。

〔42〕胡适:《四十自述》,见欧阳哲生编:《胡适文集(1)》,北京大学出版社 1998 年版,第 86 页。

〔43〕胡适:《四十自述》,见欧阳哲生编:《胡适文集(1)》,北京大学出版社 1998 年版,第 86 页。

〔44〕胡适:《四十自述》,见欧阳哲生编:《胡适文集(1)》,北京大学出版社 1998 年版,第 86 页。

〔45〕胡适:《四十自述》,见欧阳哲生编:《胡适文集(1)》,北京大学出版社 1998 年版,第 86 页。

〔46〕胡适:《四十自述》,见欧阳哲生编:《胡适文集(1)》,北京大学出版社 1998 年版,第 88 页。

〔47〕胡适:《四十自述》,见欧阳哲生编:《胡适文集(1)》,北京大学出版社 1998 年版,第 87—88 页。

〔48〕胡适:《四十自述》,见欧阳哲生编:《胡适文集(1)》,北京大学出版社 1998 年版,第 88 页。

〔49〕胡适:《四十自述》,见欧阳哲生编:《胡适文集(1)》,北京大学出版社 1998 年版,第 86 页。

〔50〕陆发春编:《胡适家书》,安徽人民出版社 1996 年版,第 1 页。

〔51〕陆发春编:《胡适家书》,安徽人民出版社 1996 年版,第 1 页。

［52］陆发春编：《胡适家书》，安徽人民出版社 1996 年版，第 2 页。

［53］胡适：《四十自述》，见欧阳哲生编：《胡适文集(1)》，北京大学出版社 1998 年版，第 93 页。

［54］胡适：《四十自述》，见欧阳哲生编：《胡适文集(1)》，北京大学出版社 1998 年版，第 93 页。

［55］胡适：《四十自述》，见欧阳哲生编：《胡适文集(1)》，北京大学出版社 1998 年版，第 93 页。

［56］胡适：《早年文存》，见欧阳哲生编：《胡适文集(9)》，北京大学出版社 1998 年版，第 479 页。

［57］胡适：《早年文存》，见欧阳哲生编：《胡适文集(9)》，北京大学出版社 1998 年版，第 480 页。

［58］胡适：《早年文存》，见欧阳哲生编：《胡适文集(9)》，北京大学出版社 1998 年版，第 480 页。

［59］胡适：《早年文存》，见欧阳哲生编：《胡适文集(9)》，北京大学出版社 1998 年版，第 482 页。

［60］胡适：《四十自述》，见欧阳哲生编：《胡适文集(1)》，北京大学出版社 1998 年版，第 90 页。

［61］胡适：《四十自述》，见欧阳哲生编：《胡适文集(1)》，北京大学出版社 1998 年版，第 92 页。

［62］胡适：《四十自述》，见欧阳哲生编：《胡适文集(1)》，北京大学出版社 1998 年版，第 92 页。

［63］胡适：《四十自述》，见欧阳哲生编：《胡适文集(1)》，北京大学出版社 1998 年版，第 95 页。

［64］胡适：《四十自述》，见欧阳哲生编：《胡适文集(1)》，北京大学出版社 1998 年版，第 95 页。

［65］陆发春编：《胡适家书》，安徽人民出版社 1996 年版，第 4 页。

［66］胡适：《四十自述》，见欧阳哲生编：《胡适文集(1)》，北京大

学出版社1998年版,第95页。

[67] 胡适:《四十自述》,见欧阳哲生编:《胡适文集(1)》,北京大学出版社1998年版,第96页。

[68] 胡适:《四十自述》,见欧阳哲生编:《胡适文集(1)》,北京大学出版社1998年版,第97—98页。

[69] 胡适:《四十自述》,见欧阳哲生编:《胡适文集(1)》,北京大学出版社1998年版,第97页。

[70] 胡适:《旧诗稿存》,见欧阳哲生编:《胡适文集(9)》,北京大学出版社1998年版,第41页。

[71] 胡适:《四十自述》,见欧阳哲生编:《胡适文集(1)》,北京大学出版社1998年版,第101页。

[72] 耿云志、欧阳哲生编:《胡适书信集》,北京大学出版社1996年版,第13页。

[73] 耿云志、欧阳哲生编:《胡适书信集》,北京大学出版社1996年版,第14页。

[74] 胡适:《许怡荪传》,见欧阳哲生编:《胡适文集(2)》,北京大学出版社1998年版,第581页。

[75] 胡适:《许怡荪传》,见欧阳哲生编:《胡适文集(2)》,北京大学出版社1998年版,第580页。

[76] 胡适:《四十自述》,见欧阳哲生编:《胡适文集(1)》,北京大学出版社1998年版,第101页。

[77] 耿云志、欧阳哲生编:《胡适书信集》,北京大学出版社1996年版,第14页。

[78] 胡适:《四十自述》,见欧阳哲生编:《胡适文集(1)》,北京大学出版社1998年版,第101页。

[79] 胡适:《四十自述》,见欧阳哲生编:《胡适文集(1)》,北京大学出版社1998年版,第102页。

[80] 胡适:《四十自述》,见欧阳哲生编:《胡适文集(1)》,北京大学出版社1998年版,第102页。

［81］胡适：《四十自述》，见欧阳哲生编：《胡适文集（1）》，北京大学出版社1998年版，第102页。

［82］耿云志、欧阳哲生编：《胡适书信集》，北京大学出版社1996年版，第15页。

［83］胡适：《四十自述》，见欧阳哲生编：《胡适文集（1）》，北京大学出版社1998年版，第102页。

第三章　留洋（1910—1917）

［1］胡适：《去国集》，见欧阳哲生编：《胡适文集（9）》，北京大学出版社1998年版，第184页。

［2］王彤：《赵元任在美哭胡适》，见冯爱群编：《胡适之先生纪念集》，台湾学生书局1973年版，第40页。

［3］胡适：《追想胡明复》，见欧阳哲生编：《胡适文集（4）》，北京大学出版社1998年版，第661页。

［4］耿云志、欧阳哲生编：《胡适书信集》，北京大学出版社1996年版，第16页。

［5］耿云志、欧阳哲生编：《胡适书信集》，北京大学出版社1996年版，第19页。

［6］曹伯言整理：《胡适日记全编1》，安徽教育出版社2001年版，第68页。

［7］曹伯言整理：《胡适日记全编1》，安徽教育出版社2001年版，第77页。

［8］曹伯言整理：《胡适日记全编1》，安徽教育出版社2001年版，第96页。

［9］曹伯言整理：《胡适日记全编1》，安徽教育出版社2001年版，第291页。

［10］耿云志、欧阳哲生编：《胡适书信集》，北京大学出版社1996年版，第19—20页。

［11］胡适：《尝试集》，见欧阳哲生编：《胡适文集（9）》，北京大学出版社1998年版，第107页。

［12］胡适：《尝试集》，见欧阳哲生编：《胡适文集（9）》，北京大学出版社1998年版，第107页。

［13］胡适：《尝试集》，见欧阳哲生编：《胡适文集（9）》，北京大学出版社1998年版，第107页。

［14］曹伯言整理：《胡适日记全编1》，安徽教育出版社2001年版，第289页。

［15］耿云志、欧阳哲生编：《胡适书信集》，北京大学出版社1996年版，第60页。

［16］曹伯言整理：《胡适日记全编1》，安徽教育出版社2001年版，第541页。

［17］曹伯言整理：《胡适日记全编1》，安徽教育出版社2001年版，第89页。

［18］胡适：《胡适口述自传》，见欧阳哲生编：《胡适文集（1）》，北京大学出版社1998年版，第210页。

［19］胡适：《大学的生活》，见欧阳哲生编：《胡适文集（12）》，北京大学出版社1998年版，第544页。

［20］胡适：《胡适口述自传》，见欧阳哲生编：《胡适文集（1）》，北京大学出版社1998年版，第211页。

［21］胡适：《胡适口述自传》，见欧阳哲生编：《胡适文集（1）》，北京大学出版社1998年版，第212页。

［22］耿云志：《胡适年谱》，见耿云志：《胡适研究论稿》，社会科学文献出版社2007年版，第237页。

［23］胡适：《胡适口述自传》，见欧阳哲生编：《胡适文集（1）》，北京大学出版社1998年版，第212页。

［24］耿云志、欧阳哲生编：《胡适书信集》，北京大学出版社1998年版，第27页。

［25］胡适：《胡适口述自传》，见欧阳哲生编：《胡适文集（1）》，北

京大学出版社 1998 年版,第 213 页。

　　[26] 曹伯言整理:《胡适日记全编 1》,安徽教育出版社 2001 年版,第 67 页。

　　[27] 曹伯言整理:《胡适日记全编 1》,安徽教育出版社 2001 年版,第 68 页。

　　[28] 曹伯言整理:《胡适日记全编 1》,安徽教育出版社 2001 年版,第 70 页。

　　[29] 曹伯言整理:《胡适日记全编 1》,安徽教育出版社 2001 年版,第 71 页。

　　[30] 曹伯言整理:《胡适日记全编 1》,安徽教育出版社 2001 年版,第 294 页。

　　[31] 曹伯言整理:《胡适日记全编 1》,安徽教育出版社 2001 年版,第 65—66 页。

　　[32] 曹伯言整理:《胡适日记全编 1》,安徽教育出版社 2001 年版,第 200 页。

　　[33] 曹伯言整理:《胡适口述自传》,见欧阳哲生编:《胡适文集(1)》,北京大学出版社 1998 年版,第 225 页。

　　[34] 曹伯言整理:《胡适日记全编 1》,安徽教育出版社 2001 年版,第 514 页。

　　[35] 曹伯言整理:《胡适日记全编 1》,安徽教育出版社 2001 年版,第 517 页。

　　[36] 胡适:《胡适口述自传》,见欧阳哲生编:《胡适文集(1)》,北京大学出版社 1998 年版,第 212 页。

　　[37] 胡适:《胡适口述自传》,见欧阳哲生编:《胡适文集(1)》,北京大学出版社 1998 年版,第 225 页。

　　[38] 胡适:《胡适口述自传》,见欧阳哲生编:《胡适文集(1)》,北京大学出版社 1998 年版,第 226 页。

　　[39] 耿云志、欧阳哲生编:《胡适书信集》,北京大学出版社 1996 年版,第 20 页。

［40］耿云志、欧阳哲生编:《胡适书信集》,北京大学出版社 1996 年版,第 21 页。

［41］胡适:《胡适口述自传》,见欧阳哲生编:《胡适文集(1)》,北京大学出版社 1998 年版,第 204 页。

［42］胡适:《胡适口述自传》,见欧阳哲生编:《胡适文集(1)》,北京大学出版社 1998 年版,第 204 页。

［43］胡适:《胡适口述自传》,见欧阳哲生编:《胡适文集(1)》,北京大学出版社 1998 年版,第 204 页。

［44］胡适:《胡适口述自传》,见欧阳哲生编:《胡适文集(1)》,北京大学出版社 1998 年版,第 204 页。

［45］曹伯言整理:《胡适日记全编 1》,安徽教育出版社 2001 年版,第 542 页。

［46］胡适:《胡适口述自传》,见欧阳哲生编:《胡适文集(1)》,北京大学出版社 1998 年版,第 205 页。

［47］胡适:《我的信仰》,见欧阳哲生编:《胡适文集(1)》,北京大学出版社 1998 年版,第 22、23 页。

［48］胡适:《胡适口述自传》,见欧阳哲生编:《胡适文集(1)》,北京大学出版社 1998 年版,第 205 页。

［49］曹伯言整理:《胡适日记全编 1》,安徽教育出版社 2001 年版,第 75 页。

［50］曹伯言整理:《胡适日记全编 1》,安徽教育出版社 2001 年版,第 115 页。

［51］耿云志、欧阳哲生编:《胡适书信集》,北京大学出版社 1996 年版,第 26 页。

［52］胡适:《胡适口述自传》,见欧阳哲生编:《胡适文集(1)》,北京大学出版社 1998 年版,第 205—206 页。

［53］胡适:《胡适口述自传》,见欧阳哲生编:《胡适文集(1)》,北京大学出版社 1998 年版,第 206 页。

［54］曹伯言整理:《胡适日记全编 1》,安徽教育出版社 2001 年

版,第 166 页。

[55] 胡适:《胡适口述自传》,见欧阳哲生编:《胡适文集(1)》,北京大学出版社 1998 年版,第 207 页。

[56] 曹伯言整理:《胡适日记全编 1》,安徽教育出版社 2001 年版,第 172 页。

[57] 曹伯言整理:《胡适日记全编 1》,安徽教育出版社 2001 年版,第 373 页。

[58] 曹伯言整理:《胡适日记全编 1》,安徽教育出版社 2001 年版,第 373 页。

[59] 曹伯言整理:《胡适日记全编 1》,安徽教育出版社 2001 年版,第 374 页。

[60] 曹伯言整理:《胡适日记全编 2》,安徽教育出版社 2001 年版,第 507 页。

[61] 胡适:《胡适口述自传》,见欧阳哲生编:《胡适文集(1)》,北京大学出版社 1998 年版,第 210 页。

[62] 曹伯言整理:《胡适日记全编 1》,安徽教育出版社 2001 年版,第 504 页。

[63] 曹伯言整理:《胡适日记全编 2》,安徽教育出版社 2001 年版,第 299—300 页。

[64] 曹伯言整理:《胡适日记全编 2》,安徽教育出版社 2001 年版,第 585 页。

[65] 曹伯言整理:《胡适日记全编 2》,安徽教育出版社 2001 年版,第 585 页。

[66] 曹伯言整理:《胡适日记全编 2》,安徽教育出版社 2001 年版,第 585 页。

[67] 胡适:《胡适口述自传》,见欧阳哲生编:《胡适文集(1)》,北京大学出版社 1998 年版,第 263 页。

[68] 胡适:《胡适口述自传》,见欧阳哲生编:《胡适文集(1)》,北京大学出版社 1998 年版,第 263 页。

[69] 胡适:《胡适口述自传》,见欧阳哲生编:《胡适文集(1)》,北京大学出版社 1998 年版,第 264 页。

[70] 胡适:《我的信仰及其发展》,见耿云志、李国彤编:《胡适传记作品全编》第一卷上,东方出版中心 1999 年版,第 125 页。

[71] 胡适:《我的信仰》,见欧阳哲生编:《胡适文集(1)》,北京大学出版社 1998 年版,第 18 页。

[72] 胡适:《介绍我自己的思想》,见欧阳哲生编:《胡适文集(5)》,北京大学出版社 1998 年版,第 508 页。

[73] 胡适:《藏晖室札记·自序》,亚东图书馆 1939 年版,第 5 页。

[74] 胡适:《胡适口述》,见欧阳哲生编:《胡适文集(1)》,北京大学出版社 1998 年版,第 269 页。

[75] 曹伯言整理:《胡适日记全编 1》,安徽教育出版社 2001 年版,第 286 页。

[76] 曹伯言整理:《胡适日记全编 1》,安徽教育出版社 2001 年版,第 130 页。

[77] 曹伯言整理:《胡适日记全编 2》,安徽教育出版社 2001 年版,第 84 页。

[78] 曹伯言整理:《胡适日记全编 1》,安徽教育出版社 2001 年版,第 85 页。

[79] 曹伯言整理:《胡适日记全编 2》,安徽教育出版社 2001 年版,第 259 页。

[80] 曹伯言整理:《胡适日记全编 2》,安徽教育出版社 2001 年版,第 262 页。

[81] 曹伯言整理:《胡适日记全编 2》,安徽教育出版社 2001 年版,第 356 页。

[82] 胡适:《中国新文学运动小史》,见欧阳哲生编:《胡适文集(1)》,北京大学出版社 1998 年版,第 156 页。

[83] 胡适:《中国新文学运动小史》,见欧阳哲生编:《胡适文集

（1）》，北京大学出版社 1998 年版，第 159 页。

[84] 胡适：《中国新文学运动小史》，见欧阳哲生编：《胡适文集（1）》，北京大学出版社 1998 年版，第 161 页。

[85] 胡适：《中国新文学运动小史》，见欧阳哲生编：《胡适文集（1）》，北京大学出版社 1998 年版，第 162—163 页。

第四章　厚积(1917—1927)

[1] 耿云志、欧阳哲生编：《胡适书信集》，北京大学出版社 1996 年版，第 71 页。

[2] 曹伯言整理：《胡适日记全编 2》，安徽教育出版社 2001 年版，第 615 页。

[3] 胡适：《归国杂感》，见欧阳哲生编：《胡适文集（2）》，北京大学出版社 1998 年，第 471 页。

[4] 胡适：《归国杂感》，见欧阳哲生编：《胡适文集（2）》，北京大学出版社 1998 年，第 471 页。

[5] 中国社会科学院近代史研究所中华民国史研究室编：《胡适往来书信选》上，中华书局 1980 年版，第 6 页。

[6] 蔡元培：《我在北京大学的经历》，见高叔平编：《蔡元培全集》第六卷，中华书局 1988 年版，第 350 页。

[7] 林纾：《答大学校长蔡鹤卿太史书》，见林纾著，许桂亭选注：《林纾文选》，百花文艺出版社 2006 年版，第 108 页。

[8] 黄兴涛等译：《辜鸿铭文集》下，海南出版社 1996 年版，第 166 页。

[9] 黄兴涛等译：《辜鸿铭文集》下，海南出版社 1996 年版，第 171 页。

[10] 黄兴涛等译：《辜鸿铭文集》下，海南出版社 1996 年版，第 171 页。

[11] 胡适：《中国新文学运动小史》，见欧阳哲生编：《胡适文集

(1)》,北京大学出版社 1998 年版,第 122 页。

［12］胡适:《中国新文学运动小史》,见欧阳哲生编:《胡适文集(1)》,北京大学出版社 1998 年版,第 122 页。

［13］胡适:《中国新文学运动小史》,见欧阳哲生编:《胡适文集(1)》,北京大学出版社 1998 年版,第 122 页。

［14］胡适:《中国新文学运动小史》,见欧阳哲生编:《胡适文集(1)》,北京大学出版社 1998 年版,第 123 页。

［15］胡适:《胡适口述自传》,见欧阳哲生编:《胡适文集(1)》,北京大学出版社 1998 年版,第 332 页。

［16］顾颉刚:《古史辨自序》,上海书店 1989 年版,第 36 页。

［17］曹伯言整理:《胡适日记全编 2》,安徽教育出版社 2001 年版,第 556 页。

［18］顾颉刚:《古史辨自序》,上海书店 1989 年版,第 36 页。

［19］顾颉刚:《古史辨自序》,上海书店 1989 年版,第 36 页。

［20］顾颉刚:《古史辨自序》,上海书店 1989 年版,第 36 页。

［21］胡适:《傅孟真先生的思想》,见焦润明:《傅斯年传》,人民出版社 2003 年版,第 41 页。

［22］胡适:《中国古代哲学史》,见欧阳哲生编:《胡适文集(6)》,北京大学出版社 1998 年版,第 188 页。

［23］胡适:《中国古代哲学史》,见欧阳哲生编:《胡适文集(6)》,北京大学出版社 1998 年版,第 189 页。

［24］胡适:《胡适口述自传》,见欧阳哲生编:《胡适文集(1)》,北京大学出版社 1998 年版,第 378 页。

［25］中国社会科学院近代史研究所中华民国史研究室编:《胡适来往书信选》上,中华书局 1980 年版,第 29 页。

［26］中国社会科学院近代史研究所中华民国史研究室编:《胡适来往书信选》上,中华书局 1980 年版,第 34 页。

［27］转引自张宝贵:《杜威与中国》,河北人民出版社 2001 年版,第 19 页。

［28］转引自张宝贵：《杜威与中国》，河北人民出版社 2001 年版，第 59 页。

［29］转引自张宝贵：《杜威与中国》，河北人民出版社 2001 年版，第 61 页。

［30］胡适：《杜威先生与中国》，见欧阳哲生编：《胡适文集（2）》，北京大学出版社 1998 年版，第 279 页。

［31］胡适：《胡适口述自传》，见欧阳哲生编：《胡适文集（1）》，北京大学出版社 1998 年版，第 358 页。

［32］胡适：《胡适口述自传》，见欧阳哲生编：《胡适文集（1）》，北京大学出版社 1998 年版，第 359 页。

［33］胡适：《胡适口述自传》，见欧阳哲生编：《胡适文集（1）》，北京大学出版社 1998 年版，第 359 页。

［34］胡适：《问题与主义》，见欧阳哲生编：《胡适文集（2）》，北京大学出版社 1998 年版，第 250 页。

［35］胡适：《胡适口述自传》，见欧阳哲生编：《胡适文集（1）》，北京大学出版社 1998 年版，第 359 页。

［36］胡适：《问题与主义》，见欧阳哲生编：《胡适文集（2）》，北京大学出版社 1998 年版，第 249 页。

［37］胡适：《胡适口述自传》，见欧阳哲生编：《胡适文集（1）》，北京大学出版社 1998 年版，第 360 页。

［38］中国李大钊研究会编注：《李大钊全集》第三卷，人民出版社 2006 年版，第 3 页。

［39］中国李大钊研究会编注：《李大钊全集》第三卷，人民出版社 2006 年版，第 5 页。

［40］胡适：《问题与主义》，见欧阳哲生编：《胡适文集（2）》，北京大学出版社 1998 年版，第 271 页。

［41］胡适：《问题与主义》，见欧阳哲生编：《胡适文集（2）》，北京大学出版社 1998 年版，第 277 页。

［42］中国社会科学院近代史研究所中华民国史研究室编：《胡

适来往书信选》上，中华书局 1980 年版，第 42 页。

[43] 耿云志、欧阳哲生编：《胡适书信集》，北京大学出版社 1996 年版，第 366 页。

[44] 耿云志、欧阳哲生编：《胡适书信集》，北京大学出版社 1996 年版，第 367 页。

[45] 中国李大钊研究会编注：《李大钊全集》第二卷，人民出版社 2006 年版，第 229 页。

[46] 胡适：《胡适口述自传》，见欧阳哲生编：《胡适文集(1)》，北京大学出版社 1998 年版，第 371 页。

[47] 胡适：《胡适口述自传》，见欧阳哲生编：《胡适文集(1)》，北京大学出版社 1998 年版，第 371 页。

[48] 胡适：《胡适口述自传》，见欧阳哲生编：《胡适文集(1)》，北京大学出版社 1998 年版，第 372 页。

[49] 胡适：《胡适口述自传》，见欧阳哲生编：《胡适文集(1)》，北京大学出版社 1998 年版，第 374—375 页。

[50] 胡适：《胡适口述自传》，见欧阳哲生编：《胡适文集(1)》，北京大学出版社 1998 年版，第 376 页。

[51] 胡适：《整理国故与"打鬼"》，见欧阳哲生编：《胡适文集(4)》，北京大学出版社 1998 年版，第 117 页。

[52] 胡适：《胡适口述自传》，见欧阳哲生编：《胡适文集(1)》，北京大学出版社 1998 年版，第 403 页。

[53] 胡适：《胡适口述自传》，见欧阳哲生编：《胡适文集(1)》，北京大学出版社 1998 年版，第 404 页。

[54] 胡适：《胡适口述自传》，见欧阳哲生编：《胡适文集(1)》，北京大学出版社 1998 年版，第 407 页。

[55] 胡适：《胡适口述自传》，见欧阳哲生编：《胡适文集(1)》，北京大学出版社 1998 年版，第 407 页。

[56] 胡适：《胡适口述自传》，见欧阳哲生编：《胡适文集(1)》，北京大学出版社 1998 年版，第 399 页。

［57］胡适:《胡适口述自传》,见欧阳哲生编:《胡适文集(1)》,北京大学出版社 1998 年版,第 399 页。

［58］胡适:《胡适口述自传》,见欧阳哲生编:《胡适文集(1)》,北京大学出版社 1998 年版,第 397 页。

［59］胡适:《胡适口述自传》,见欧阳哲生编:《胡适文集(1)》,北京大学出版社 1998 年版,第 397 页。

［60］曹伯言整理:《胡适日记全编 4》,安徽教育出版社 2001 年版,第 17 页。

［61］曹伯言整理:《胡适日记全编 4》,安徽教育出版社 2001 年版,第 46 页。

［62］曹伯言整理:《胡适日记全编 4》,安徽教育出版社 2001 年版,第 63 页。

［63］胡适:《新婚杂诗五首》,见欧阳哲生编:《胡适文集(9)》,北京大学出版社 1998 年版,第 123—124 页。

［64］转引自沈卫威:《文化·心态·人格——认识胡适》,河南大学出版社 1991 年版,第 128 页。

［65］胡适:《别赋》,见欧阳哲生编:《胡适文集(9)》,北京大学出版社 1998 年版,第 300—301 页。

第五章　薄发(1927—1945)

［1］明立志、潘平编著:《胡适说禅:一个实用主义者的佛教观》,团结出版社 2007 年版,第 41 页。

［2］胡适:《胡适口述自传》,见欧阳哲生编:《胡适文集(1)》,北京大学出版社 1998 年版,第 379 页。

［3］胡适:《胡适口述自传》,见欧阳哲生编:《胡适文集(1)》,北京大学出版社 1998 年版,第 380 页。

［4］黄夏年主编:《胡适集》(近现代著名学者佛学文集),中国社会科学出版社 1995 年版,第 233 页。

［5］胡适：《胡适口述自传》，见欧阳哲生编：《胡适文集（1）》，北京大学出版社 1998 年版，第 382 页。

［6］胡适：《海外读书杂记》，见欧阳哲生编：《胡适文集（4）》，北京大学出版社 1998 年版，第 299 页。

［7］明立志、潘平编著：《胡适说禅：一个实用主义者的佛教观》，团结出版社 2007 年版，第 212 页。

［8］黄夏年主编：《胡适集》（近现代著名学者佛学文集），中国社会科学出版社 1995 年版，第 233—234 页。

［9］胡适：《胡适口述自传》，见欧阳哲生编：《胡适文集（1）》，北京大学出版社 1998 年版，第 387 页。

［10］胡适：《我们对于西洋近代文明的态度》，见欧阳哲生编：《胡适文集（4）》，北京大学出版社 1998 年版，第 11 页。

［11］胡适：《王莽：一千九百年前的一个社会主义者》，见欧阳哲生编：《胡适文集（3）》，北京大学出版社 1998 年版，第 19 页。

［12］胡适：《王莽：一千九百年前的一个社会主义者》，见欧阳哲生编：《胡适文集（3）》，北京大学出版社 1998 年版，第 19 页。

［13］胡适：《王莽：一千九百年前的一个社会主义者》，见欧阳哲生编：《胡适文集（3）》，北京大学出版社 1998 年版，第 22 页。

［14］胡适：《王莽：一千九百年前的一个社会主义者》，见欧阳哲生编：《胡适文集（3）》，北京大学出版社 1998 年版，第 20 页。

［15］胡适：《王莽：一千九百年前的一个社会主义者》，见欧阳哲生编：《胡适文集（3）》，北京大学出版社 1998 年版，第 20 页。

［16］胡适：《王莽：一千九百年前的一个社会主义者》，见欧阳哲生编：《胡适文集（3）》，北京大学出版社 1998 年版，第 24 页。

［17］胡适：《王莽：一千九百年前的一个社会主义者》，见欧阳哲生编：《胡适文集（3）》，北京大学出版社 1998 年版，第 24 页。

［18］胡适：《王莽：一千九百年前的一个社会主义者》，见欧阳哲生编：《胡适文集（4）》，北京大学出版社 1998 年版，第 11 页。

［19］胡适：《王莽：一千九百年前的一个社会主义者》，见欧阳哲

生编:《胡适文集(4)》,北京大学出版社 1998 年版,第 11 页。

[20] 胡适:《王莽:一千九百年前的一个社会主义者》,见欧阳哲生编:《胡适文集(4)》,北京大学出版社 1998 年版,第 9 页。

[21] 曹伯言整理:《胡适日记全编 4》,安徽教育出版社 2001 年版,第 239 页。

[22] 曹伯言整理:《胡适日记全编 4》,安徽教育出版社 2001 年版,第 239 页。

[23] 蒋介石:《自述研究革命哲学经过的阶段》(1932 年 5 月 17 日),见张其昀编:《先"总统"蒋公全集》,台北"中国文化大学"出版部 1984 年版,第 628 页。

[24] 胡适:《知难,行亦不易》,见欧阳哲生编:《胡适文集(5)》,北京大学出版社 1998 年版,589 页。

[25] 孙中山著,牧之、方新、宋义选注:《建国方略》,辽宁人民出版社 1994 年版,第 2 页。

[26] 孙中山著,牧之、方新、宋义选注:《建国方略》,辽宁人民出版社 1994 年版,第 2 页。

[27] 孙中山著,牧之、方新、宋义选注:《建国方略》,辽宁人民出版社 1994 年版,第 2 页。

[28] 孙中山著,牧之、方新、宋义选注:《建国方略》,辽宁人民出版社 1994 年版,第 2 页。

[29] 孙中山著,牧之、方新、宋义选注:《建国方略》,辽宁人民出版社 1994 年版,第 4 页。

[30] 胡适:《〈孙文学说〉之内容及评论》,见《胡适文集(11)》,北京大学出版社 1998 年版,第 29—30 页。

[31] 曹伯言整理:《胡适日记全编 6》,安徽教育出版社 2001 年版,第 187 页。

[32] 胡适:《知难,行亦不易》,见欧阳哲生编:《胡适文集(5)》,北京大学出版社 1998 年版,第 593 页。

[33] 胡适:《知难,行亦不易》,见欧阳哲生编:《胡适文集(5)》,

北京大学出版社 1998 年版,第 596 页。

[34] 胡适:《知难,行亦不易》,见欧阳哲生编:《胡适文集(5)》,北京大学出版社 1998 年版,第 594 页。

[35] 胡适:《知难,行亦不易》,见欧阳哲生编:《胡适文集(5)》,北京大学出版社 1998 年版,第 600 页。

[36] 胡适:《知难,行亦不易》,见欧阳哲生编:《胡适文集(5)》,北京大学出版社 1998 年版,第 529 页。

[37] 耿云志、欧阳哲生编:《胡适书信集》,北京大学出版社 1996 年版,第 493—494 页。

[38] 耿云志、欧阳哲生编《胡适书信集》,北京大学出版社 1996 年版,第 492 页。

[39] 曹伯言整理:《胡适日记全编 6》,安徽教育出版社 2001 年版,第 155—156 页。

[40] 胡适:《全国震惊以后》,见欧阳哲生编:《胡适文集(11)》,北京大学出版社 1998 年版,第 311 页。

[41] 胡适:《请大家来照照镜子》,见欧阳哲生编:《胡适文集(4)》,北京大学出版社 1998 年版,第 27 页。

[42] 胡适:《请大家来照照镜子》,见欧阳哲生编:《胡适文集(4)》,北京大学出版社 1998 年版,第 27 页。

[43] 胡适:《我们走那条路》,见欧阳哲生编:《胡适文集(4)》,北京大学出版社 1998 年版,第 362 页。

[44] 胡适:《论对日外交方针》,见欧阳哲生编:《胡适文集(11)》,北京大学出版社 1998 年版,第 217 页。

[45] 胡适:《我们可以等候五十年》,见欧阳哲生编:《胡适文集(11)》,北京大学出版社 1998 年版,第 316 页。

[46] 胡适:《"协和外交"原来还是"焦土外交"》,见欧阳哲生编:《胡适文集(11)》,北京大学出版社 1998 年版,第 437 页。

[47] 胡适:《"协和外交"原来还是"焦土外交"》,见欧阳哲生编:《胡适文集(11)》,北京大学出版社 1998 年版,第 437 页。

[48] 胡适:《"协和外交"原来还是"焦土外交"》,见欧阳哲生编:《胡适文集(11)》,北京大学出版社 1998 年版,第 438 页。

[49] 胡适:《"协和外交"原来还是"焦土外交"》,见欧阳哲生编:《胡适文集(11)》,北京大学出版社 1998 年版,第 439 页。

[50] 胡适:《"协和外交"原来还是"焦土外交"》,见欧阳哲生编:《胡适文集(11)》,北京大学出版社 1998 年版,第 440 页。

[51] 胡适:《我们可以等候五十年》,见欧阳哲生编:《胡适文集(11)》,北京大学出版社 1998 年版,第 319 页。

[52] 胡适:《日本人应该醒醒了!》,见欧阳哲生编:《胡适文集(11)》,北京大学出版社 1998 年版,第 314 页。

[53] 胡适:《我们可以等候五十年》,见欧阳哲生编:《胡适文集(11)》,北京大学出版社 1998 年版,第 319 页。

[54] 胡适:《中华民国华北军第七军团第五十九军抗日战死将士公墓碑》,见欧阳哲生编:《胡适文集(11)》,北京大学出版社 1998 年版,第 453 页。

[55] 徐志摩:《徐志摩自传》,江苏文艺出版社 1997 年版,第 297 页。

[56] 尹在勤:《新月派评说》,陕西人民出版社 1985 年版,第 11 页。

[57] 尹在勤:《新月派评说》,陕西人民出版社 1985 年版,第 41 页。

[58] 徐志摩:《徐志摩自传》,江苏文艺出版社 1997 年版,第 297 页。

[59] 徐志摩:《徐志摩自传》,江苏文艺出版社 1997 年版,第 301 页。

[60] 胡适:《我们走那条路》,见欧阳哲生编:《胡适文集(5)》,北京大学出版社 1998 年版,第 353 页。

[61] 胡适:《我们走那条路》,见欧阳哲生编:《胡适文集(5)》,北京大学出版社 1998 年版,第 361 页。

[62] 胡适:《我们走那条路》,见欧阳哲生编:《胡适文集(5)》,北京大学出版社1998年版,第362页。

[63] 尹在勤:《新月派评说》,陕西人民出版社1985年版,第73页。

[64] 尹在勤:《新月派评说》,陕西人民出版社1985年版,第73页。

[65] 胡适:《序》,见欧阳哲生编:《胡适文集(5)》,北京大学出版社1998年版,第523页。

[66] 子通主编:《胡适评说八十年》,中国华侨出版社2003年版,第94页。

[67]《文汇年刊》,1939年5月。

[68] 耿云志、欧阳哲生编:《胡适书信集》,北京大学出版社1996年版,第732页。

[69] 耿云志、欧阳哲生编:《胡适书信集》,北京大学出版社1996年版,第729页。

[70] 耿云志、欧阳哲生编:《胡适书信集》,北京大学出版社1996年版,第737页。

[71] 曹伯言整理:《胡适日记全编7》,安徽教育出版社2001年版,第70页。

[72] 曹伯言整理:《胡适日记全编7》,安徽教育出版社2001年版,第130页。

[73] 耿云志、欧阳哲生编:《胡适书信集》,北京大学出版社1996年版,第738页。

[74] 曹伯言整理:《胡适日记全编7》,安徽教育出版社2001年版,第61页。

[75] 曹伯言整理:《胡适日记全编7》,安徽教育出版社2001年版,第100页。

[76] 耿云志、欧阳哲生编:《胡适书信集》,北京大学出版社1996年版,第742页。

[77] 曹伯言整理:《胡适日记全编7》,安徽教育出版社 2001 年版,第 142 页。

[78] 曹伯言整理:《胡适日记全编7》,安徽教育出版社 2001 年版,第 142 页。

[79] 曹伯言整理:《胡适日记全编7》,安徽教育出版社 2001 年版,第 173 页。

[80] 曹伯言整理:《胡适日记全编7》,安徽教育出版社 2001 年版,第 478 页。

[81] 胡颂平编著:《胡适之先生年谱长编初稿》,台湾联经出版公司 1984 年版,第 1781 页。

[82] 曹伯言、季维龙编著:《胡适年谱》,安徽教育出版社 1989 年版,第 598 页。

[83] 曹伯言整理:《胡适日记全编7》,安徽教育出版社 2001 年版,第 479 页。

第六章　黄昏(1945—1949)

[1] 朱文华编:《自由之师——名人笔下的胡适—胡适笔下的名人》,东方出版中心 1998 年版,第 20—21 页。

[2] 胡颂平编著:《胡适之先生年谱长编初稿》,台湾联经出版公司 1984 年版,第 2502 页。

[3] 曹伯言整理:《胡适日记全编7》,安徽教育出版社 2001 年版,第 569 页。

[4] 欧阳哲生主编:《傅斯年全集》第 7 卷,湖南教育出版社 2000 年版,第 285 页。

[5] 中国社会科学院近代史研究所中华民国史研究室编:《胡适来往书信选》下,中华书局 1980 年版,第 26—27 页。

[6] 中国社会科学院近代史研究所中华民国史研究室编:《胡适来往书信选》下,中华书局 1980 年版,第 26 页。

[7] 中国社会科学院近代史研究所中华民国史研究室编:《胡适来往书信选》下,中华书局 1980 年版,第 27 页。

[8] 斯诺等著,刘统编注:《早年毛泽东:传记、史料与回忆》,三联书店 2011 年版,第 18 页。

[9] 斯诺等著,刘统编注:《早年毛泽东:传记、史料与回忆》,三联书店 2011 年版,第 19 页。

[10] 斯诺等著,刘统编注:《早年毛泽东:传记、史料与回忆》,三联书店 2011 年版,第 19 页。

[11] 曹伯言整理:《胡适日记全编 8》,安徽教育出版社 2001 年版,第 123 页。

[12] 斯诺等著,刘统编注:《早年毛泽东:传记、史料与回忆》,三联书店 2011 年版,第 20 页。

[13] 中国社会科学院近代史研究所中华民国史研究室编:《胡适来往书信选》下,中华书局 1980 年版,第 30 页。

[14] 欧阳哲生主编:《傅斯年全集》第七卷,湖南教育出版社 2000 年版,286 页。

[15] 朱文华编:《自由之师——名人笔下的胡适 胡适笔下的名人》,东方出版中心 1998 年版,第 243 页。

[16] 胡适:《在北大开学典礼上的致词》,见欧阳哲生编:《胡适文集(12)》,北京大学出版社 1998 年版,第 498—499 页。

[17] 萧超然等:《北京大学校史》(增订本),北京大学出版社 1988 年版,第 406 页。

[18] 曹伯言整理:《胡适日记全编 7》,安徽教育出版社 2001 年版,第 663 页。

[19] 曹伯言整理:《胡适日记全编 7》,安徽教育出版社 2001 年版,第 682 页。

[20] 中国社会科学院近代史研究所中华民国史研究室编:《胡适来往书信选》下,中华书局 1980 年版,第 296 页。

[21] 中国社会科学院近代史研究所中华民国史研究室编:《胡

适来往书信选》下,中华书局 1980 年版,第 296 页。

[22] 中国社会科学院近代史研究所中华民国史研究室编:《胡适来往书信选》下,中华书局 1980 年版,第 296 页。

[23] 中国社会科学院近代史研究所中华民国史研究室编:《胡适来往书信选》下,中华书局 1980 年版,第 297 页。

[24] 中国社会科学院近代史研究所中华民国史研究室编:《胡适来往书信选》下,中华书局 1980 年版,第 297 页。

[25] 中国社会科学院近代史研究所中华民国史研究室编:《胡适来往书信选》下,中华书局 1980 年版,第 297 页。

[26] 中国社会科学院近代史研究所中华民国史研究室编:《胡适来往书信选》下,中华书局 1980 年版,第 201 页。

[27] 中国社会科学院近代史研究所中华民国史研究室编:《胡适来往书信选》下,中华书局 1980 年版,第 203 页。

[28] 曹伯言整理:《胡适日记全编 7》,安徽教育出版社 2001 年版,第 654 页。

[29] 曹伯言整理:《胡适日记全编 7》,安徽教育出版社 2001 年版,第 655—656 页。

[30] 中国社会科学院近代史研究所中华民国史研究室编:《胡适来往书信选》下,中华书局 1980 年版,第 170 页。

[31] 中国社会科学院近代史研究所中华民国史研究室编:《胡适来往书信选》下,中华书局 1980 年版,第 173—174 页。

[32] 耿云志、欧阳哲生编:《胡适书信集》,北京大学出版社 1996 年版,第 1090 页。

[33] 中国社会科学院近代史研究所中华民国史研究室编:《胡适来往书信选》下,中华书局 1980 年版,第 179—180 页。

[34] 中国社会科学院近代史研究所中华民国史研究室编:《胡适往来书信选》下,中华书局 1980 年版,第 196—197 页。

[35] 曹伯言整理:《胡适日记全编 7》,安徽教育出版社 2001 年版,第 690 页。

[36] 曹伯言整理:《胡适日记全编 7》,安徽教育出版社 2001 年版,第 702 页。

[37] 曹伯言整理:《胡适日记全编 7》,安徽教育出版社 2001 年版,第 707 页。

[38] 曹伯言整理:《胡适日记全编 7》,安徽教育出版社 2001 年版,第 707 页。

[39] 曹伯言整理:《胡适日记全编 7》,安徽教育出版社 2001 年版,第 708 页。

[40] 曹伯言整理:《胡适日记全编 7》,安徽教育出版社 2001 年版,第 782 页。

[41] 曹伯言整理:《胡适日记全编 7》,安徽教育出版社 2001 年版,第 685 页。

[42] 曹伯言整理:《胡适日记全编 7》,安徽教育出版社 2001 年版,第 722 页。

[43] 曹伯言整理:《胡适日记全编 7》,安徽教育出版社 2001 年版,第 727 页。

[44] 曹伯言整理:《胡适日记全编 7》,安徽教育出版社 2001 年版,第 732 页。

[45] 曹伯言整理:《胡适日记全编 7》,安徽教育出版社 2001 年版,第 735 页。

[46] 转引自朱文楚:《胡适家事与情事》,团结出版社 2007 年版,第 152 页。

[47] 转引自朱文楚:《胡适家事与情事》,团结出版社 2007 年版,第 153 页。

[48] 转引自朱文楚:《胡适家事与情事》,团结出版社 2007 年版,第 153 页。

[49] 韩石山编:《徐志摩全集》第六卷,天津人民出版社 2005 年版,第 87—88 页。

[50] 转引自朱文楚:《胡适家事与情事》,团结出版社 2007 年

版,第 155 页。

［51］曹伯言整理:《胡适日记全编 7》,安徽教育出版社 2001 年版,第 755 页。

［52］曹伯言整理:《胡适日记全编 7》,安徽教育出版社 2001 年版,第 544 页。

［53］曹伯言整理:《胡适日记全编 7》,安徽教育出版社 2001 年版,第 544—545 页。

［54］子通主编:《胡适评说八十年》,中国华侨出版社 2003 年版,第 99 页。

［55］曹伯言整理:《胡适日记全编 7》,安徽教育出版社 2001 年版,第 560 页。

［56］胡适:《〈水经注〉考》,见欧阳哲生编:《胡适文集（12）》,北京大学出版社 1998 年版,第 170 页。

［57］胡适:《〈水经注〉考》,见欧阳哲生编:《胡适文集（12）》,北京大学出版社 1998 年版,第 170 页。

［58］曹伯言整理:《胡适日记全编 7》,安徽教育出版社 2001 年版,第 640 页。

［59］曹伯言整理:《胡适日记全编 7》,安徽教育出版社 2001 年版,第 712 页。

［60］曹伯言整理:《胡适日记全编 7》,安徽教育出版社 2001 年版,第 715 页。

［61］郑德坤、吴天任纂辑:《〈水经注〉研究史料汇编》下,台湾艺文印书馆 1984 年版,第 163 页。

［62］曹伯言整理:《胡适日记全编 7》,安徽教育出版社 2001 年版,第 686 页。

［63］胡适:《〈水经注〉考》,见欧阳哲生编:《胡适文集（12）》,北京大学出版社 1998 年版,第 173 页。

［64］耿云志、欧阳哲生编:《胡适书信集》,北京大学出版社 1996 年版,第 1220 页。

第七章　流亡(1949—1962)

[1] 胡颂平编著:《胡适之先生年谱长编初稿》,台湾联经出版公司 1984 年版,第 2065 页。

[2] 曹伯言、季维龙编著:《胡适年谱》,安徽教育出版社 1989 年版,第 710 页。

[3] 耿云志、欧阳哲生编:《胡适书信集》,北京大学出版社 1996 年版,第 1179 页。

[4] 曹伯言、季维龙编著:《胡适年谱》,安徽教育出版社 1989 年版,第 712 页。

[5] 曹伯言整理:《胡适书信集》,北京大学出版社 1996 年版,第 1181 页。

[6] 曹伯言整理:《胡适日记全编 8》,安徽教育出版社 2001 年版,第 30 页。

[7] 子通主编:《胡适评说八十年》,中国华侨出版社 2003 年版,第 67 页。

[8] 转引自周质平:《胡适与中国现代思潮》,南京大学出版社 2002 年版,第 375 页。

[9] 转引自周质平:《胡适与中国现代思潮》,南京大学出版社 2002 年版,第 375 页。

[10] 转引自周质平:《胡适与中国现代思潮》,南京大学出版社 2002 年版,第 379 页。

[11] 耿云志、欧阳哲生编:《胡适书信集》,北京大学出版社 1996 年版,第 1198 页。

[12] 唐德刚:《胡适杂忆》,华东师范大学出版社 1999 年版,第 13 页。

[13] 曹伯言整理:《胡适日记全编 8》,安徽教育出版社 2001 年版,第 55 页。

[14]曹伯言整理:《胡适日记全编8》,安徽教育出版社2001年版,第63页。

[15]曹伯言整理:《胡适日记全编8》,安徽教育出版社2001年版,第68页。

[16]曹伯言整理:《胡适日记全编8》,安徽教育出版社2001年版,第63页。

[17]曹伯言整理:《胡适日记全编8》,安徽教育出版社2001年版,第36页。

[18]沈卫威:《自古成功在尝试——关于胡适》,北京广播学院出版社2000年版,第265页。

[19]沈卫威:《自古成功在尝试——关于胡适》,北京广播学院出版社2000年版,第267页。

[20]曹伯言整理:《胡适日记全编7》,安徽教育出版社2001年版,第745页。

[21]范泓:《风雨前行——雷震的一生》,广西师范大学出版社2004年版,第132页。

[22]曹伯言整理:《胡适日记全编7》,安徽教育出版社2001年版,第766页。

[23]胡颂平编著:《胡适之先生长编初稿》,台湾联经出版公司1984年版,第2186页。

[24]转引自汪幸福:《胡适与〈自由中国〉》,湖北人民出版社2004年版,第125页。

[25]转引自汪幸福:《胡适与〈自由中国〉》,湖北人民出版社2004年版,第151页。

[26]转引自白吉庵:《胡适传》,人民出版社1993年版,第487页。

[27]转引自汪幸福:《胡适与〈自由中国〉》,湖北人民出版社2004年版,第338页。

[28]曹伯言整理:《胡适日记全编8》,安徽教育出版社2001年

版,第37页。

[29] 曹伯言整理:《胡适日记全编8》,安徽教育出版社2001年版,第154页。

[30] 曹伯言整理:《胡适日记全编8》,安徽教育出版社2001年版,第154页。

[31] 曹伯言整理:《胡适日记全编8》,安徽教育出版社2001年版,第155页。

[32] 曹伯言整理:《胡适日记全编8》,安徽教育出版社2001年版,第168页。

[33] 曹伯言整理:《胡适日记全编8》,安徽教育出版社2001年版,第174页。

[34] 曹伯言、季维龙编著:《胡适年谱》,安徽教育出版社1989年版,第915页。

[35] 转引自汪幸福:《胡适与〈自由中国〉》,湖北人民出版社2004年版,第388页。

阅在人文，悦在江湖。

和阅读

数字阅读，尽在人文江湖！

加入 人文江湖，畅读 人文精选 图书，更有专属权益等着你！

【帮你选书】每月50册重磅好书免费畅读
【为你读书】专业团队精品书摘及彩信杂志《读周刊》免费赠阅
【给你送书】每月纸书免费赠送，会员独享好机会
【独家优惠】会员购书，全站8折优惠
【读书沙龙】尊享签售、名人面对面等会员沙龙活动
【拉帮结派】推荐好友入会，获赠书券及话费奖励
【免单旅行】年度幸运会员，免单旅行说走就走
【客座嘉宾】做客工作室，了解关于出版的那些事儿

移动用户编辑短信 KTRWJXB 到 10086 或 10658080，
订购"人文精选包"，即为"人文江湖"尊贵会员！

[人文江湖专区]

本期推荐 >>>>>>>>>>>>>>>>>>>

《不为繁华易素心》
游宇明 著

《流动的斯文》
王道 著

《胡适家事与情事》
朱文楚 著

《马一浮交往录》
丁敬涵 编著

更多精彩好书，尽在 人文江湖 ！

扫描左侧二维码了解更多内容~